この本の特色としくみ

　本書は，中学１年生で学習する英語の内容を３段階のレベルに分け，それらをステップ式で学習できる問題集です。各単元は，Step 1（基本問題）と Step 2（標準問題）の順になっていて，章末には Step 3（実力問題）があります。また，「会話表現」に加えて，巻末には「総仕上げテスト」を設けているため，復習と入試対策にも役立ちます。

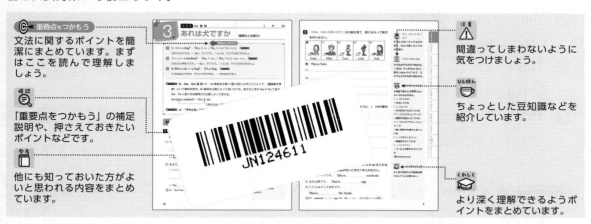

重要点をつかもう
文法に関するポイントを簡潔にまとめています。まずはここを読んで理解しましょう。

確認
「重要点をつかもう」の補足説明や，押さえておきたいポイントなどです。

参考
他にも知っておいた方がよいと思われる内容をまとめています。

注意
間違ってしまわないように気をつけましょう。

ひと休み
ちょっとした豆知識などを紹介しています。

くわしく
より深く理解できるようポイントをまとめています。

もくじ

本書に関する最新情報は，小社ホームページにある**本書の「サポート情報」**をご覧ください。（開設していない場合もございます。）
なお，この本の内容についての責任は小社にあり，内容に関するご質問は直接小社におよせください。

1 私は賢治です

〈肯定文・be 動詞・a と an〉

重要点をつかもう

1 I **am** Kenji. ポイント❶

（私は賢治です。）

2 You **are** Jane. ポイント❶

（あなたはジェーンです。）

3 This **is a** book. ポイント❶ ポイント❷

（これは本です。）

4 That **is an** orange. ポイント❶ ポイント❷

（あれはオレンジです。）

ポイント❶ **A am, are, is B** … A＝B「**A は B です**」の意味。A によって **am, are, is** を使い分ける。

A が I → **am**　　　A が You → **are**　　　A が This, That → **is**

ポイント❷ **a と an** … **a** や **an** は「**1 つの**」という意味で，ものを表す語の前に置く。人名や地名などには使わない。

a book　　←ふつうは **a** を使う。

an orange　←母音(a, i, u, e, o)の発音で始まる語には **an** を使う。

Step 1 基本問題

解答▶別冊 1 ページ

1 [am, are, is の使い分け] 次の日本文に合うように，＿＿＿に適切な語を入れなさい。

(1) 私は学生です。　　I ＿＿＿＿＿＿ a student.

(2) あなたは先生です。　　You ＿＿＿＿＿＿ a teacher.

(3) こちらは花子です。　　This ＿＿＿＿＿＿ Hanako.

(4) あれは学校です。　　That ＿＿＿＿＿＿ a school.

(5) これはねこです。　　This ＿＿＿＿＿＿ a cat.

(6) あちらは山田さんです。　　That ＿＿＿＿＿＿ Ms. Yamada.

Guide

 this, that の訳し方

▶ This はふつう「これは」と訳すが，人に対して言うときは「こちらは」と訳すことが多い。同様に That は「あちらは」と訳すことが多い。

2 [this, that の使い分け] 次の絵を見て，例にならって英文を作りなさい。

例	(1)	(2)	(3)	(4)
Yoko	Mike	Taro	Judy	Saki

例　This is Yoko.

(1) _____

(2) _____

(3) _____

(4) _____

3 [be 動詞の肯定文] 次の日本文に合うように，（　）内の語句を並べかえなさい。

(1) 私は健です。（am，Ken，I）.

_____

(2) あなたは医者です。（you，a doctor，are）.

_____

(3) あれは机です。（a desk，that，is）.

_____

 語句　doctor「医者」　desk「机」

4 [a，an] 次の日本文に合うように，_____にa か an を入れなさい。どちらも入れる必要がないときは×を入れなさい。

(1) これはノートです。　This is _____ notebook.

(2) あれは卵です。　That is _____ egg.

(3) こちらはスミス先生です。

This is _____ Mr. Smith.

語句　notebook「ノート」　egg「卵」　Mr.「～さん，～先生（男性につける敬称）」

第1章
第2章
第3章
第4章
第5章
第6章
第7章
第8章
第9章
第10章
総仕上げテスト

 this, that の使い分け

▶ this は近くの人やものを指し，that は遠くの人やものを指す。

 大文字で始める語

▶文は必ず大文字で始める。I「私は」や人名（Ken など），国名（Japan など）など，文中でも大文字を使う語もある。

 英語で使われる符号

▶英語で使われる符号にはいろいろなものがある。
「．」（ピリオド）
→文末につける
「，」（コンマ）
→文の区切りなどにつける
「？」（クエスチョンマーク）
→疑問文の終わりにつける
「！」（エクスクラメーションマーク）
→強い気持ちを表すときにつける
「’」（アポストロフィ）
→短縮形などにつける
「-」（ハイフン）
→21 以上の数字などにつける
（例）twenty-one

a，an を使わない語

▶人名や地名などの固有名詞には a や an は使わない。

1 次の日本文に合うように，＿＿に適切な語を入れなさい。(20点)

(1) こちらはトムです。

This ＿＿＿＿＿＿＿ Tom.

(2) 私は礼子です。

＿＿＿＿＿＿＿ am Reiko.

(3) あれはボールです。

＿＿＿＿＿＿＿ is a ball.

(4) あなたはテニスの選手です。

You ＿＿＿＿＿＿＿ a tennis player.

語句　ball「ボール」　tennis player「テニスの選手」

2 次の絵を見て，例にならって英文を作りなさい。(20点)

例	(1)	(2)	(3)	(4)

例　That is a dog.

(1) ＿＿＿＿＿＿＿＿＿＿＿＿＿＿＿＿＿＿＿＿＿＿＿＿＿＿＿＿＿＿＿＿＿＿＿

(2) ＿＿＿＿＿＿＿＿＿＿＿＿＿＿＿＿＿＿＿＿＿＿＿＿＿＿＿＿＿＿＿＿＿＿＿

(3) ＿＿＿＿＿＿＿＿＿＿＿＿＿＿＿＿＿＿＿＿＿＿＿＿＿＿＿＿＿＿＿＿＿＿＿

(4) ＿＿＿＿＿＿＿＿＿＿＿＿＿＿＿＿＿＿＿＿＿＿＿＿＿＿＿＿＿＿＿＿＿＿＿

語句　「いす」chair　「コンピュータ」computer

3 次の英文を日本語にしなさい。(20点)

(1) I am Bob.

(　　　　　　　　　　　　　　　　　　　　　　　　　　　　　)

(2) That is a radio.

(　　　　　　　　　　　　　　　　　　　　　　　　　　　　　)

(3) This is John.

(　　　　　　　　　　　　　　　　　　　　　　　　　　　　　　　　　)

(4) You are a soccer player.

(　　　　　　　　　　　　　　　　　　　　　　　　　　　　　　　　　)

語句　radio「ラジオ」　soccer player「サッカーの選手」

4 意味が通る英文になるように，次の（ ）内の語を並べかえなさい。(20点)

(1) (Nancy, are, you).

----

(2) (is, this, Japan).

----

(3) (a, am, I, teacher).

----

(4) (that, album, is, an).

語句　Japan「日本」　album「アルバム」

重要 **5** 次の日本文を英語にしなさい。(20点)

(1) あなたは由美(Yumi)です。

----

(2) 私は科学者です。

----

(3) あれはカメラです。

----

(4) これはオレンジです。

語句　「科学者」scientist　「カメラ」camera

ワンポイント **2** 近くの人やものには this，遠くの人やものには that を使う。
絵に描いてあるものの語の前に a を置くか an を置くかを考える。

2 彼は学生です

〈he, she, it・否定文〉

🎯 重要点をつかもう

1 This is Mike. **He is** a student. 🔷ポイント❶

（こちらはマイクです。彼は学生です。）

2 That is Jane. **She is** a teacher. 🔷ポイント❶

（あちらはジェーンです。彼女は先生です。）

3 That **isn't** 〔**is not**〕 a cat. **It is** a dog. 🔷ポイント❶ 🔷ポイント❷

（あれはねこではありません。それは犬です。）

4 I **am not** Kenji. 🔷ポイント❷

（私は賢治ではありません。）

5 You **aren't** 〔**are not**〕 a teacher. 🔷ポイント❷

（あなたは先生ではありません。）

🔷ポイント❶ **he, she, it** …前に出た男性，女性，人以外のものや動物を指すときは，それぞれ he, she, it を使う。「AはBです」と言うときの be 動詞は **is** を使う。

he「彼は」→ **男性**を指す　　　　**she**「彼女は」→ **女性**を指す

it「それは」→ **人以外のものや動物**を指す

🔷ポイント❷ A **am, are, is not** B …A≠B「**AはBではありません**」の意味。aren't, isn't はそれぞれ are not, is not の短縮形。

Step 1 基本問題

解答▶別冊 1 ページ

1 [he, she, it の使い分け] 次の英文の_____に適切な語を入れなさい。

(1) This is Mr. Smith. _____ is a teacher.

(2) That is Lucy. _____ is a student.

(3) That isn't a piano. _____ is an organ.

(4) This isn't a school. _____ is a hospital.

🟢 語句　organ「オルガン」 hospital「病院」

Guide

 he と she

▶英語では男女の性別で代名詞を使い分ける。he は男性，she は女性を指す代名詞。

 it の使い方

▶ it は直前に話題にのぼったものを指して使う語なので，ふつう会話をいきなり it で始めることはない。

2 [he, she の使い分け] 次の絵を見て，例にならって英文を作りなさい。

例	(1)	(2)	(3)	(4)
Yoko	Judy	Taro	Min	Bob

例　This is Yoko. She is a student.

(1) _____

(2) _____

(3) _____

(4) _____

3 [be 動詞の否定文] 次の英文をそれぞれ否定文に書きかえなさい。

(1) I am from Japan.

_____

(2) You are a doctor.

_____

(3) That is America.

_____

(4) Kyoko is a student.

_____

(5) This is Fred.

_____

(6) It is a computer.

_____

(7) Mr. King is a teacher.

_____

語句　from「～出身」　America「アメリカ」

be 動詞の意味

▶ be 動詞には「～だ，である」以外にも「～にいる」という意味がある。
He is Ken.
「彼は健です。」
He is in Osaka.
「彼は大阪にいます。」

注意すべき短縮形

▶ I am not の短縮形は I'm not となる。am not に短縮形はないので amn't とはしないこと。

敬称の使い分け

▶ Mr. は男性のラストネーム(名字)につけて「～さん，～先生」などの意味を表すが，略さずに書くと mister である。同じく Mrs. は結婚している女性のラストネームにつけて「～さん，～夫人」という意味を表し，こちらは略さずに書くと mistress である。ただし女性に関しては，結婚しているかいないかを区別しない Ms. もよく使われる。

Step **2** 標準問題

時間	合格点	得点
40分	70点	点

解答▶別冊 2 ページ

1 次の絵を見て，例にならって英文を作りなさい。(20 点)

例	(1)	(2)	(3)	(4)
Fred，a teacher	Lucy，a nurse	Mike, from Canada	Alice，a doctor	Tom, a baseball player

例　This is Fred. He is a teacher.

(1) _____

(2) _____

(3) _____

(4) _____

🦪 語句　nurse「看護師」　baseball player「野球の選手」

重要 **2** 次の日本文に合うように，_____に適切な語を入れなさい。(20 点)

(1) 私は先生ではありません。

I am _____ a teacher.

(2) あなたは大阪出身ではありません。

You _____ from Osaka.

(3) あれは箱ではありません。

That _____ a box.

(4) 健は学生ではありません。

Ken _____ a student.

🦪 語句　box「箱」

3 次の英文を日本語にしなさい。(15 点)

(1) I am not a student.

(　　　　　　　　　　　　　　　　　　　　　　　　　　　)

(2) That isn't a bike.

(　　　　　　　　　　　　　　　　　　　　　　　　　　　)

(3) He isn't a police officer.

(   )

🟡 語句　bike「自転車」　police officer「警察官」

4 意味が通る英文になるように，次の（　）内の語を並べかえなさい。(25点)

(1) (Nancy, am, I, not).

---

(2) (is, he, Tom).

---

(3) (a, is, she, writer).

---

(4) (not, a, is, that, school).

---

(5) (Maki, not, singer, is, a).

🟡 語句　writer「作家」　singer「歌手」

重要 **5** 次の日本文を英語にしなさい。(20点)

(1) 太郎(Taro)は音楽家です。

---

(2) あちらは由香(Yuka)ではありません。

---

(3) 彼女は東京にいます。

---

(4) これはいすではありません。

🟡 語句　「音楽家」musician　「〜に」in

★─☆─★─☆─★─☆─★─☆─★─☆─★─☆─★─☆─★─☆─★─☆─★─☆─★─☆─★─☆─★

ワンポイント
4 (1)(4)(5) not は am，is の後ろに置かれる。
5 (2)(4) 主語が「あちらは」「これは」のとき，「〜です」を表すのは is。

第1章
第2章
第3章
第4章
第5章
第6章
第7章
第8章
第9章
第10章
総仕上げテスト

3 あれは犬ですか

〈疑問文と応答文〉

重要点をつかもう

1 Is that a dog? — Yes, it is. / No, it isn't(is not). **ポイント❶**

（あれは犬ですか。 — はい, そうです。 / いいえ, そうではありません。）

2 Are you a student? — Yes, I am. / No, I'm(I am) not. **ポイント❶**

（あなたは学生ですか。 — はい, そうです。 / いいえ, そうではありません。）

3 Is this a cat or a dog? — It's a dog. **ポイント❷**

（これはねこですか, それとも犬ですか。 — それは犬です。）

ポイント❶ Is, Am, Are **A** **B**〜? … be 動詞を主語（＝**A**）の前に出すことによって, 「**A**は**B**ですか」という意味を表す。be 動詞は主語によって使い分ける。答えるときは Yes か No で答え, Yes・No に続く形は疑問文の主語によって変わる。

Are you a student? — Yes, I am.

「あなたは」でたずねられたら「私は」で答える。

ポイント❷ or … 「**それとも**」の意味で, 2 つのうちどちらかを問うときに使う。

Step 1 基本問題

解答▶別冊 2 ページ

1 [be 動詞の疑問文と応答文] 次の日本文に合うように, _____ に適切な語を入れなさい。

(1) マイクは学生ですか。 — はい, そうです。

　　　　　　　　Mike a student?

— Yes, 　　　　　　　　 is.

(2) あなたはニューヨーク出身ですか。
　　 いいえ, そうではありません。

　　　　　　　　you from New York?

— No, 　　　　　　　　 not.

語句　New York「ニューヨーク」

Guide

 応答文 ①

▶ 「あなたは」でたずねられたら「私は」で答え, 「私は」でたずねられたら「あなたは」で答える。

 出身をたずねる

▶ 「〜出身です」は〈be 動詞＋from 〜〉の形を使う。「〜出身ですか」に対して Yes か No で答えるときは, 後ろに from 〜が省略されていると考える。
Are you from Kyoto?
— Yes, I am (from Kyoto).

10

2 ［Is this 〜 or …? の文］次の絵を見て，例にならって英文を作りなさい。

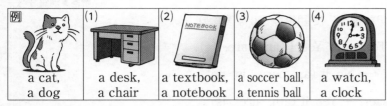

例	(1)	(2)	(3)	(4)
a cat, a dog	a desk, a chair	a textbook, a notebook	a soccer ball, a tennis ball	a watch, a clock

例　Is this a cat or a dog? — It's a cat.

(1) _____

_____

(2) _____

_____

(3) _____

_____

(4) _____

🎯 語句　textbook「教科書」 watch「腕時計」 clock「置き時計」

3 ［疑問文の語順］次の日本文に合うように，（　）内の語句を並べかえなさい。

(1) これはペンですか。

(is, pen, this, a)?

_____

(2) 彼女は先生ですか。

(a teacher, she, is)?

_____

(3) あちらは健ですか，それとも正夫ですか。

(Ken, or, that, Masao, is)?

_____

(4) これは学校ですか，それとも病院ですか。

(is, a hospital, a school, this, or)?

_____

🎯 語句　pen「ペン」

 応答文 ②

▶ Is this 〜 or …? の文に対しては Yes や No で答えない。答えの文は It's［It is］で始めるとよい。

 応答文 ③

▶ it is の短縮形は it's だが，Yes, it is. を Yes, it's. とはしない。

 or の様々な使い方

▶ or は命令文(p.62)に続いて使われる形では，「さもなければ」という意味を表す。Get up now, or you'll be late.「もう起きなさい，さもなければ遅刻しますよ。」

▶ or を使った熟語には次のようなものがある。
・either A or B「A か B かどちらか」
・〜 or so「〜かそこら」

【　　月　　日】

時間	合格点	得点
40分	70点	点

解答▶別冊 3 ページ

1 次の英文の（ ）内から適切な語を○で囲みなさい。(20点)

(1) (Are, Am, Is) you from Tokyo? — Yes, I (am, are, is).

(2) (Are, Am, Is) that a cake? — No, it (am, are, is) not.

(3) (Are, Am, Is) this an eraser? — Yes, it (am, are, is).

(4) (Are, Am, Is) Ken a student? — No, he (am, are, is) not.

🔵語句　cake「ケーキ」 eraser「消しゴム」

2 次の絵を見て，例にならって英文を作りなさい。(15点)

例	(1)	(2)	(3)
radio	fox	camera	chair

例　Is that a radio? — Yes, it is.

(1) --

(2) --

(3) --

🔵語句　fox「きつね」

3 次の英文を日本語にしなさい。(20点)

(1) Is Mr. Smith from Australia? — No, he isn't.

(　　　　　　　　　　　　　　　　　　　　　　　　　　　　　　　　　）

(2) Is this a vase? — No, it isn't.

(　　　　　　　　　　　　　　　　　　　　　　　　　　　　　　　　　）

(3) Are you a doctor or a teacher? — I'm a teacher.

(　　　　　　　　　　　　　　　　　　　　　　　　　　　　　　　　　）

(4) Is he Mike or John? — He is Mike.

(　　　　　　　　　　　　　　　　　　　　　　　　　　　　　　　　　）

🔵語句　vase「花びん」

4 次の日本文に合うように，（ ）内の語句を並べかえなさい。(25点)

(1) あなたはルーシーですか。

(Lucy, you, are)?

(2) これはオレンジですか。

(is, an, orange, this)?

(3) 彼はアメリカ出身ですか。

(he, from, is, America)?

(4) ブラウンさんは技術者ですか，それともパイロットですか。

(an engineer, a pilot, Mr. Brown, or, is)?

(5) あれは丘ですか，それとも山ですか。

(is, or, that, a mountain, a hill)?

語句　engineer「技術者」　pilot「パイロット」　hill「丘」

5 次の日本文を英語にしなさい。(20点)

(1) 彼はデイビッド(David)ですか。— はい，そうです。

(2) あれは本ですか。— いいえ，ちがいます。

(3) あなたは先生ですか，それとも学生ですか。— 私は学生です。

(4) 奈緒(Nao)は歌手ですか，それともピアニストですか。

— 彼女はピアニストです。

語句　「ピアニスト」pianist

ワンポイント

3 (3)(4) 〜 A or B? とたずねられたときは，A か B かを具体的に答える。

5 疑問文の主語と応答文の主語は，対応した語を使うこと。

4 これは私の犬です 〈my, your, his, her〉

◎ 重要点をつかもう

1 This is **my** dog. （ポイント❶）

（これは**私の**犬です。）

2 Is that **your** dog? — No, it isn't. （ポイント❶）

（あれは**あなたの**犬ですか。― いいえ，ちがいます。）

3 This is Mike. **His** sister Jane is my friend. （ポイント❷）

（こちらはマイクです。**彼の**姉のジェーンは私の友だちです。）

4 This is Nancy. That is **her** sister Kate. （ポイント❸）

（こちらはナンシーです。あちらは**彼女の**妹のケイトです。）

（ポイント❶）**my，your** …それぞれ，名詞の前に置いて「**私の**」，「**あなたの**」という意味を表す。

（ポイント❷）**his** …前に出た男性を指して，〈his＋名詞〉の形で「**彼の**」という意味を表す。

（ポイント❸）**her** …前に出た女性を指して，〈her＋名詞〉の形で「**彼女の**」という意味を表す。

Step 1 基本問題

解答▶別冊 3 ページ

1 ［my，your の使い分け］次の日本文に合うように，_____に適切な語を入れなさい。

(1) これは私のラケットです。

　This is ＿＿＿＿＿＿ racket.

(2) あれはあなたの本ですか。

　Is that ＿＿＿＿＿＿ book?

(3) あちらは私の兄です。

　That is ＿＿＿＿＿＿ brother.

(4) これはあなたのねこですか。

　Is this ＿＿＿＿＿＿ cat?

(5) こちらは私の父です。

　This is ＿＿＿＿＿＿ father.

語句　racket「ラケット」

Guide

⚠注意　my，your の使い方

▶ my や your などが名詞につくときは，a や an は使わない。

▶ my は「私の」，your は「あなたの」という意味で，必ず後ろに名詞を置く。my や your だけで「私のもの」「あなたのもの」という意味にはならない。

2 ［his と her の使い分け］次の日本文に合うように，＿＿＿＿に適切な語を入れなさい。

(1) あちらはトムです。これは彼の自転車です。

That is Tom. This is ＿＿＿＿＿＿＿＿＿ bike.

(2) こちらは私の母です。あちらは彼女の友だちです。

This is my mother. That is ＿＿＿＿＿＿＿＿ friend.

(3) あちらはデイビッドですか。

— いいえ。彼のお兄さんのティムです。

Is that David?

— No. It's ＿＿＿＿＿＿＿＿＿ brother Tim.

(4) あなたはスミス先生ですか。

— いいえ。私は彼女の友だちのジェーン・ブラウンです。

Are you Ms. Smith?

— No. I'm ＿＿＿＿＿＿＿＿＿ friend Jane Brown.

🍪 語句　Ms.「〜さん，〜先生（女性につける敬称）」

3 ［所有格と疑問文・応答文］次の絵を見て，例にならって疑問文とその答えの英文を作りなさい。

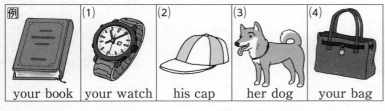

例	(1)	(2)	(3)	(4)
your book	your watch	his cap	her dog	your bag

例　Is this your book? — Yes, it is. It's my book.

(1) ＿＿＿＿＿＿＿＿＿＿＿＿＿＿＿＿＿＿＿＿＿＿＿＿＿＿＿＿＿＿

＿＿＿＿＿＿＿＿＿＿＿＿＿＿＿＿＿＿＿＿＿＿＿＿＿＿＿＿＿＿＿＿

(2) ＿＿＿＿＿＿＿＿＿＿＿＿＿＿＿＿＿＿＿＿＿＿＿＿＿＿＿＿＿＿

＿＿＿＿＿＿＿＿＿＿＿＿＿＿＿＿＿＿＿＿＿＿＿＿＿＿＿＿＿＿＿＿

(3) ＿＿＿＿＿＿＿＿＿＿＿＿＿＿＿＿＿＿＿＿＿＿＿＿＿＿＿＿＿＿

＿＿＿＿＿＿＿＿＿＿＿＿＿＿＿＿＿＿＿＿＿＿＿＿＿＿＿＿＿＿＿＿

(4) ＿＿＿＿＿＿＿＿＿＿＿＿＿＿＿＿＿＿＿＿＿＿＿＿＿＿＿＿＿＿

＿＿＿＿＿＿＿＿＿＿＿＿＿＿＿＿＿＿＿＿＿＿＿＿＿＿＿＿＿＿＿＿

🍪 語句　cap「（ふちのない）帽子」

くわしく　**所有格と所有代名詞**

▶所有格
・my「私の」
・your「あなたの，あなたたちの」
・his「彼の」
・her「彼女の」
・its「それの」
・our「私たちの」
・their「彼らの，それらの」
▶所有代名詞
・mine「私のもの」
・yours「あなたのもの，あなたたちのもの」
・his「彼のもの」
・hers「彼女のもの」
・ours「私たちのもの」
・theirs「彼らのもの」

注意　**性別を見分ける**

▶「〜さん，〜先生」は Mr. か Mrs.，Ms. かで男性か女性かを見分ける。Mr. なら his「彼の」，Mrs. か Ms. なら her「彼女の」を使う。

確認　**応答文での代名詞**

▶ his 〜? とたずねられたときは，答える方も his 〜となる。her 〜? の場合も同じである。

第1章
第2章
第3章
第4章
第5章
第6章
第7章
第8章
第9章
第10章
総仕上げテスト

Step **2** 標準問題

1 次の英文の（　）内から適切な語を○で囲みなさい。(20点)

(1) Is this（my，your，his）bag? — Yes, it is. It is my bag.

(2) This is my notebook. That is（my，your，her）notebook, too.

(3) Is this her pen? — Yes, it is. It is（my，your，her）pen.

(4) That is Mike. This is（your，his，her）brother Tom.

(5) Jane is from France. It's（your，his，her）country.

🌑 語句　France「フランス」　country「国」

2 次の絵を見て，例にならって英文を作りなさい。(20点)

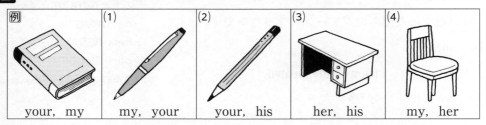

例	(1)	(2)	(3)	(4)
your，my	my，your	your，his	her，his	my，her

例　This isn't your book. It is my book.

(1) _____

(2) _____

(3) _____

(4) _____

重要 💬 **3** 次の日本文に合うように，_____ に適切な語を入れなさい。(20点)

(1) ナンシーは私の友だちです。

Nancy is _____ friend.

(2) こちらは私の兄です。あちらは彼のガールフレンドです。

This is _____ brother. That is _____ girlfriend.

(3) あれはあなたのカメラですか。

Is that _____ camera?

(4) あちらは鈴木さんですか。いいえ。あちらは彼女のお母さんです。

Is that Ms. Suzuki? — No. That is _____ mother.

🌑 語句　girlfriend「ガールフレンド」

4 次の英文の（　）内の語を並べかえなさい。ただし，不要な語が1語含まれています。(20点)

(1) That is (racket, an, my).

That is _____ .

(2) That isn't (your, an, car).

That isn't _____ .

(3) Is that Takashi (his, or, brother, a)?

Is that Takashi _____ ?

(4) Is this my cap (cap, or, your, a)? — It is my cap.

Is this my cap _____ ? — It is my cap.

(5) Is this his album (or, album, her, an)?

Is this his album _____ ?

5 次の日本文を英語にしなさい。(20点)

(1) これはあなたのコンピュータですか。

_____

(2) あれは私の家ではありません。

_____

(3) こちらはトム(Tom)です。

_____

あちらは彼の妹です。

_____

(4) ボブ(Bob)はアメリカ出身です。

_____

彼の友だちもアメリカ出身です。

_____

ワンポイント
4 (3)(4)(5) orで対比させているものが何かを考える。
5 (3)(4) 1文目と2文目の意味の違いに注意する。

第1章
第2章
第3章
第4章
第5章
第6章
第7章
第8章
第9章
第10章
総仕上げテスト

5 この男の子はマイクです

〈this＋名詞，形容詞①〉

🎯 **重要点をつかもう**

1 **This** boy is Mike. 👉ポイント❶

（この男の子はマイクです。）

2 You are a **good** student. 👉ポイント❷

（あなたは優秀な学生です。）

👉**ポイント❶** 〈**this，that＋名詞**〉…名詞の前に置く this，that は「**この**」「**あの**」という意味を表す。

this boy「**この男の子**」　　　**that** girl「**あの女の子**」

👉**ポイント❷** 〈**形容詞＋名詞**〉… good「よい」や big「大きい」などの語（＝形容詞）は〈形容詞＋名詞〉の形で名詞を修飾する。

a **tall** boy「**背の高い男の子**」　　　a **black** cat「**黒いねこ**」

Step 1 基本問題

解答▶別冊 5 ページ

1 [形容詞＋名詞] 次の絵を見て，例にならって英文を作りなさい。

例	(1)	(2)	(3)	(4)
Yoko, Japanese	Mike, American	Kazuya, Japanese	Judy, tall	Maki, kind

例　This is Yoko.　She is a Japanese girl.

(1) _____

(2) _____

(3) _____

(4) _____

🔴 語句　Japanese「日本人の」　American「アメリカ人の」
tall「背の高い」　kind「親切な」

Guide

 ⚠ 注意　a と an の使い分け

▶〈形容詞＋名詞〉の形で名詞が単数（＝数が 1 つ）のとき，形容詞の前には a や an が入る。American は母音の発音で始まる語なので an が入る。

Kenji is **a Japanese** boy.

This is **a new** bike.

Jane is **an American** girl.

Ms. Noda is **an old** woman.

2 [this, that＋名詞] 次の日本文に合うように，＿＿に適切な語を入れなさい。

(1) この男の子は私の友だちです。

＿＿＿＿＿＿＿＿＿ boy is my friend.

(2) あの男性はあなたのお父さんですか。

— はい，そうです。

Is ＿＿＿＿＿＿＿＿＿ man your father?

— Yes, ＿＿＿＿＿＿＿＿＿ is.

(3) この建物は学校ですか。

— いいえ，ちがいます。

Is ＿＿＿＿＿＿＿＿＿ building a school?

— No, ＿＿＿＿＿＿＿＿＿ isn't.

🟡 語句　man「男性」 building「建物」

3 [〈this, that, 形容詞＋名詞〉の語順] 次の日本文に合うように，（　）内の語を並べかえなさい。

(1) ジムは背の高い男の子です。

(Jim, tall, is, a, boy).

＿＿＿＿＿＿＿＿＿＿＿＿＿＿＿＿＿＿＿＿

(2) これは新しいノートですか。

(is, a, new, this, notebook)?

＿＿＿＿＿＿＿＿＿＿＿＿＿＿＿＿＿＿＿＿

(3) あの男の子は私のクラスメートではありません。

(classmate, that, my, boy, isn't).

＿＿＿＿＿＿＿＿＿＿＿＿＿＿＿＿＿＿＿＿

(4) あのかわいい女の子はあなたの妹ですか。

(your, pretty, that, is, girl) sister?

＿＿＿＿＿＿＿＿＿＿＿＿＿＿＿＿ sister?

🟡 語句　new「新しい」 classmate「クラスメート」 pretty「かわいい」

 代名詞で置きかえる

▶ this「これは」は it に置きかえるが，this man は男性を表すので，置きかえるときは he を使う。一方，this building はものを表すので，置きかえるときは it を使う。

 this, that の順番

▶ this, that と形容詞の両方が名詞につく場合は〈this, that＋形容詞＋名詞〉の語順になる。

☕ 国を表す形容詞

▶国を表す名詞があるように，国を表す形容詞もたくさんある。すべての国を覚えることは大変だがよく聞く国のものは覚えておくといいだろう。
・Japanese「日本の」
・Chinese「中国の」
・American「アメリカの」
・German「ドイツの」
・French「フランスの」
・Italian「イタリアの」
・Korean「韓国(かんこく)・朝鮮(ちょうせん)の」
・English「イングランドの」
・Spanish「スペインの」

第1章
第2章
第3章
第4章
第5章
第6章
第7章
第8章
第9章
第10章
総仕上げテスト

1 次の日本文に合うように，＿＿＿に適切な語を入れなさい。(20点)

(1) 加奈子は私の親友です。

Kanako is my ＿＿＿＿＿＿＿ friend.

(2) キティはかわいいねこです。

Kitty is a ＿＿＿＿＿＿＿ cat.

(3) あの白い建物は病院ですか。

Is that ＿＿＿＿＿＿＿ building a hospital?

(4) あの背の高い男の子は中学生ではありません。

That ＿＿＿＿＿＿＿ boy isn't a junior high school student.

語句　junior high school student「中学生」

2 次の絵を見て，例にならって英文を作りなさい。(18点)

例	(1)	(2)	(3)
Fred	Lucy	Alice	Tom

例　Is this boy your friend? — Yes, he is. His name is Fred.

(1) ＿＿＿＿＿＿＿＿＿＿＿＿＿＿＿＿＿＿＿＿＿＿＿＿＿＿＿＿＿

＿＿＿＿＿＿＿＿＿＿＿＿＿＿＿＿＿＿＿＿＿＿＿＿＿＿＿＿＿

(2) ＿＿＿＿＿＿＿＿＿＿＿＿＿＿＿＿＿＿＿＿＿＿＿＿＿＿＿＿＿

＿＿＿＿＿＿＿＿＿＿＿＿＿＿＿＿＿＿＿＿＿＿＿＿＿＿＿＿＿

(3) ＿＿＿＿＿＿＿＿＿＿＿＿＿＿＿＿＿＿＿＿＿＿＿＿＿＿＿＿＿

＿＿＿＿＿＿＿＿＿＿＿＿＿＿＿＿＿＿＿＿＿＿＿＿＿＿＿＿＿

語句　name「名前」

3 次の英文を日本語にしなさい。(20点)

(1) Canada is a big country.

(　　　　　　　　　　　　　　　　　　　　　　　　　　　　　)

(2) Am I a good student?

(　　　　　　　　　　　　　　　　　　　　　　　　　　　　　)

(3) Jane is a good tennis player.

( )

(4) This isn't a new house.

( )

語句 big「大きい」 good「よい，上手な」

4 次の日本文に合うように，( )内の語を並べかえなさい。ただし，不要な語が1語含まれています。(21点)

(1) マイクはアメリカ人の男の子です。

(American, is, Mike, an, boy, his).

----

(2) あの女の子は私の姉ではありません。

(that, isn't, sister, a, my, girl).

----

(3) この古い建物は教会ですか。

(this, church, old, is, an, building, a)?

語句 church「教会」 old「古い」

5 次の日本文を英語にしなさい。(21点)

(1) あの男の子はボブ(Bob)ですか，それともリック(Rick)ですか。

----

(2) あなたのお兄さんは野球が上手ですか。

----

(3) 私の母は英語の先生です。

語句 「英語の」English

★━━★━━★━━★━━★━━★━━★━━★━━★━━★━━★━━★━━★━━★━━★━━★━━★

ワンポイント ❸(3) a good 〜 player は，直訳すると「上手な〜の選手」となるが，自然な日本語として「〜するのが上手」と考えるとよい。

Step ③ 実力問題

解答▶別冊 5 ページ

1 次の英文の＿＿＿に am，are，is のいずれかを入れなさい。(15 点)

(1) He ＿＿＿＿＿＿ Mr. Brown.

(2) Kyoko ＿＿＿＿＿＿ not a teacher.

(3) You ＿＿＿＿＿＿ from China.

(4) I ＿＿＿＿＿＿ a doctor.

(5) ＿＿＿＿＿＿ this an organ? — Yes, it ＿＿＿＿＿＿.

2 次の英文の＿＿＿に a か an を入れなさい。どちらも入れる必要がないときは×を入れなさい。(12 点)

(1) That is ＿＿＿＿＿＿ racket.

(2) Tom is from ＿＿＿＿＿＿ America.

(3) I am ＿＿＿＿＿＿ Ryota.

(4) That isn't ＿＿＿＿＿＿ ball. It is ＿＿＿＿＿＿ orange.

3 次の日本文に合うように，(　)内の語句を並べかえなさい。ただし，不要な語が 1 語含まれています。(20 点)

(1) ホワイト先生はオーストラリア出身です。

(is, Australia, Ms. White, from, not).

(2) 彼は技術者ではありません。

(engineer, a, is, he, not, an).

(3) マイクはバスケットボールの選手ですか。

(a, Mike, player, basketball, an, is)?

(4) これは私の本ですか，それとも彼の本ですか。

(book, book, her, his, my, this, is, or)?

4 次の日本文を英語にしなさい。(30点)

(1) これは消しゴムではありません。

- -

(2) こちらはリズ(Liz)です。彼女は私の妹です。

- -

(3) アレックス(Alex)は高校生ですか，それとも大学生ですか。

- -

(4) あの若い男性は私の父です。

- -

(5) あなたの英語の先生はカナダ出身ですか。

- -

5 次の対話文は，ジュディと健がジュディの家族の写真を見ながら話しているものです。これを読んで，あとの問いに答えなさい。(23点)

Ken : Is this woman your mother?

Judy : Yes, (①) is.

And this man is (②) father.

(③) is an engineer.

Ken : Is this (④) boy your brother?

Judy : No, (⑤) isn't.

He is my cousin. <u>His name is David.</u>

Ken : Is this his dog?

Judy : Yes. This (⑥) dog is John.

注 woman「女性」 cousin「いとこ」

(1) ①〜⑥の( )にあてはまる適切な語を入れなさい。(12点)

① - - - - - - - - - - - - ② - - - - - - - - - - - - ③ - - - - - - - - - - - -

④ - - - - - - - - - - - - ⑤ - - - - - - - - - - - - ⑥ - - - - - - - - - - - -

(2) 下線部を日本語にしなさい。(11点)

(　　　　　　　　　　　　　　　　　　　　　　　　　　　)

語句 「高校生」high school student 「大学生」college student

6 これは何ですか 〈What, Who, Which〉

 重要点をつかもう

1 **What** is this? — It is a pen. （ポイント❶）

（これは**何**ですか。 — それはペンです。）

2 **Who** is that boy? — He is Bob. （ポイント❷）

（あの男の子は**だれ**ですか。 — 彼はボブです。）

3 **Which** is your dog? — This is my dog. （ポイント❸）

（**どちら**があなたの犬ですか。 — これが私の犬です。）

（ポイント❶） **What** is this? 「これは**何**ですか。」

— It is a pen. 「それはペンです。」

〈**What**＋be 動詞の疑問文～?〉

（ポイント❷） **Who** is that boy? 「あの男の子は**だれ**ですか。」

— He is Bob. 「彼はボブです。」

〈**Who**＋be 動詞の疑問文～?〉

（ポイント❸） **Which** is your dog? 「**どちら**があなたの犬ですか。」

〈**Which**＋be 動詞の疑問文～?〉

— This is my dog. 「これが私の犬です。」

※ This〔That〕is ～. で答えることが多い。

Step 1 基本問題

解答▶別冊 6 ページ

1 [What, Who, Which の使い分け] 次の英文の（ ）内から適切な語を○で囲みなさい。

(1)（What, Who, Which）is this? — It is a lemon.

(2)（Who, What, Which）is that boy? — He is Ken.

(3)（Which, What）is your sister?
　　— This is my sister.

(4)（What, Which, Who）are you? — I'm Bob Smith.

🍀語句　lemon「レモン」

 Guide

参考 文の読み方

▶ Is this ～? などの疑問文は文末を上げ調子で読む。
▶ What, Who, Which を使った疑問文は，ふつう文末を下げ調子で読む。

2 [What is 〜?] 次の絵を見て，例にならって英文を作りなさい。

例　What is this? — It is a cap.

(1) _____

(2) _____

(3) _____

🍴 語句　map「地図」

3 [Who is 〜?] 次の絵を見て，例にならって英文を作りなさい。

例	(1)	(2)	(3)
Tom	Mary	my brother	my cousin

例　Who is this boy? — He is Tom.

(1) _____

(2) _____

(3) _____

🍴 語句　cousin「いとこ」

4 [疑問文への答え方] 次の問いに対する答えの文を，下のア〜エから選び，その記号を（　）に書きなさい。

(1) Who are you?　　　　　　　　　　　（　　　）

(2) Which is your cat?　　　　　　　　 （　　　）

(3) Who is this girl?　　　　　　　　　 （　　　）

　　ア　You're a doctor.　　イ　This is my cat.

　　ウ　I am Mary.　　　　エ　She is my sister.

第1章
第2章
第3章
第4章
第5章
第6章
第7章
第8章
第9章
第10章
総仕上げテスト

 注意　疑問文に対する答え方

▶ Who is 〜? には 2 通りの答え方がある。
①名前を答える。
②どのような人かを答える。
　Who is this boy?
→① He is Tom.
→② He is my friend.
▶ What is 〜? は人の身分や職業をたずねる文なので，答えるときは身分や職業を具体的に答える必要がある。

確認🔍 Which の意味

▶ Which はある特定のグループの中から選択する場合に使う。2 つのうちの「どちら」，3 つ以上のうちの「どれ」という意味になる。

 注意　具体的に答える

▶ 疑問詞を使った疑問文は，Yes・No で答えるふつうの疑問文とはちがい，具体的な答えを求められる文。そのため，What 〜? には「何か」，Who 〜? には「だれか」，Which 〜? には「どれか」をはっきりわかるように答える必要がある。

Step 2 標準問題

1 次の絵を見て，それぞれの問いに英語で答えなさい。(20点)

(1)	(2)	(3)	(4)
Tom	my uncle	my sister	doctor

(1) Who is this boy?

----

(2) Who is this man?

----

(3) Who is this girl?

----

(4) What is this woman?

🍀 語句　uncle「おじ」

2 次の_____に適切な語を入れて，対話文を完成しなさい。(15点)

(1) A : _____ is that?

　　 B : _____ a plane.

(2) A: _____ is your camera?

　　 B : This is _____ camera.

(3) A : _____ is that man?

　　 B : _____ is Mr. Yamada.

🍀 語句　plane「飛行機」

3 次の日本文に合うように，_____に適切な語を入れなさい。(20点)

(1) あの男の子はだれですか。— 彼はデイビッドです。

_____ is that boy? — _____ is David.

(2) これは何ですか。— 筆箱です。

_____ is this? — _____ is a pencil case.

(3) あなたはだれですか。— 私は上田信次です。

_____ are you? — _____ Ueda Shinji.

(4) どちらがあなたの本ですか。— あれが私の本です。

_____ is your book? — That is _____ book.

(5) 香織の職業は何ですか。— 看護師です。

_____ is Kaori? — _____ is a nurse.

🟡 語句　pencil case「筆箱」

重要
😀 **4** 次の英文の下線部が答えの中心となる疑問文を作りなさい。(24点)

(1) I'm <u>a junior high school student</u>.

_____

(2) <u>That</u> is my cap.

_____

(3) He is <u>my friend</u>.

_____

(4) <u>Mr. Tanaka</u> is my English teacher.

_____

5 次の日本文を英語にしなさい。(21点)

(1) あの女性はだれですか。— 私のおばです。

_____

(2) どちらがあなたの教科書ですか。— これが私の教科書です。

_____

_____

(3) あなたの名前は何ですか。— ロビン・ウィリアムズ(Robin Williams)です。

_____

🟡 語句　「おば」aunt

★★★★★★★★★★★★★★★★★★★★★★★★★★★★★★★★★★★★★

ワンポイント
2 (2)答えの文が This is ～. となっていることに注意。また，問いの文が your ～ のときは，だれの
カメラと答えるのか考える。
4 (1)「中学生です」と答えているから，身分をたずねている。
(3) my friend と答えているから，どんな人かとたずねている。

7 だれの本ですか・トムのものです

〈Whose と所有代名詞〉

🎯 重要点をつかもう

1 **Whose** book is this? — It is **hers**〔her book〕. ボイント❶ ボイント❷

　（これは**だれの**本ですか。— それは**彼女のもの**〔彼女の本〕です。）

2 **Whose** is this book? — It is **Tom's**. ボイント❸ ボイント❹

　（この本は**だれのもの**ですか。— それは**トムのもの**です。）

ボイント❶ **Whose** …〈Whose＋名詞〉の形で「**だれの〜**」と持ち主をたずねるときに使う。

ボイント❷ **所有代名詞**…「**〜のもの**」という意味を表す代名詞は**所有代名詞**と呼ばれる。

　　mine「私のもの」　**yours**「あなた（たち）のもの」　**his**「彼のもの」

　　hers「彼女のもの」　**ours**「私たちのもの」　**theirs**「彼らのもの」

ボイント❸ **Whose** … Whose は，後ろに名詞が続かない形で「**だれのもの**」という意味を表す。

ボイント❹ **〜's** …人の名前や人を表す語の後ろに**〜's**（アポストロフィ _{エス} s）をつけると「**〜の**」や「**〜のもの**」という意味になる。

　　Mary's「メアリーの，メアリーのもの」　**my father's**「私の父の，私の父のもの」

Step 1 基本問題

解答▶別冊 7 ページ

1 ［Whose と「〜のもの」］次の日本文に合うように，_____に適切な語を入れなさい。

(1) これはあなたの部屋ですか。— はい。私のものです。

　Is this your room? — Yes. It is _____.

(2) あれはだれのコンピュータですか。— 私たちのものです。

　_____ computer is that?

　— It is _____.

(3) このペンはだれのものですか。— ビル（Bill）のものです。

　_____ is this pen?

　— It is _____.

🔹語句　room「部屋」

Guide

参考 文の読み方

▶ Whose を使った疑問文も What, Who, Which を使った疑問文と同じく，ふつう文末を下げ調子で読む。

確認 Whose＋名詞

▶ Whose book, Whose watch のように，Whose は〈Whose＋名詞〉の形で「だれの〜」という意味を表す。

2 [「〜の」と「〜のもの」] 次の英文を, 例にならって書きかえなさい。

例　This is my pen.　→ This pen is mine.

(1) This is your book.

-----

(2) This is his camera.

-----

(3) That is her doll.

-----

(4) That is Tom's bike.

-----

(5) That is Jane's bag.

-----

(6) This is my father's car.

-----

(7) Whose ball is this?

🟡 語句　doll「人形」

3 [「〜の」と「〜のもの」] 次の絵を見て, 例にならって英文を作りなさい。

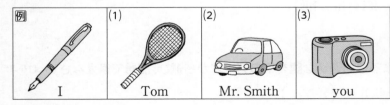

例	(1)	(2)	(3)
I	Tom	Mr. Smith	you

例　This is my pen. This pen is mine.

(1)

-----

(2)

-----

(3)

 「〜のもの」の最後はs

▶「〜のもの」という言い方は, mine 以外は全部 yours, his, hers, ours, theirs のように最後に s の字がついていることを知っていると覚えやすい。

 〜's

▶ Tom's のように, 名詞に 〜's(アポストロフィ s)がつく形には「〜の」と「〜のもの」という 2 つの意味がある。「〜の」のときは後ろに名詞が続き,「〜のもの」のときは言い切りの形になることを覚えて見分ける。

 日本語と英語のちがい

▶日本語では「この本はだれのですか。— 彼女のです。」というように, ふつう, わざわざ「〜のもの」とは言わないことが多い。英語では her と hers を必ず区別する。

 s で終わる人名

▶ Jones のように s で終わる人名には 〜's をつけても,「'」(アポストロフィ)だけをつけてもよい。
発音はそれぞれ,
Jones's[dʒóunziz]
Jones'[dʒóunz]

29

重要 **1** 次の絵を見て，例にならってそれぞれの疑問文に対する答えの英文を書きなさい。(16点)

例	(1)	(2)	(3)	(4)
Ben	Mary	Paul	Mike	my sister

例　Whose bat is this? — It's Ben's bat.

(1) Whose pen is this?

----

(2) Whose brother is this boy?

----

(3) Whose desk is that?

----

(4) Whose cake is this?

🍪語句　bat「バット」

2 次の英文の( )内から適切な語を○で囲みなさい。(12点)

(1) Whose doll is this? — It is (her, hers).

(2) Is this racket (Mike, Mike's)? — Yes, it is.

(3) Whose is that notebook? — It is (he, his).

重要 **3** 次の英文の( )にあてはまる最も適切な語を下のア〜オから選び，記号で答えなさい。(16点)

(1) Is this your trumpet? — Yes. It is ( ).

(2) Is this book ( )? — Yes. It's mine.

(3) Is that your brother's bike? — No. It isn't ( ). It's my sister's.

(4) ( ) is this room? — It is my father's.

　　ア whose　イ mine　ウ his　エ hers　オ yours

🍪語句　trumpet「トランペット」

第1章
第2章
第3章
第4章
第5章
第6章
第7章
第8章
第9章
第10章
総仕上げテスト

重要 **4** 次の日本文に合うように，（　）内の語句を並べかえなさい。ただし，不要な語が 1 語含まれています。(20 点)

(1) この人形は私のものではありません。(this doll，mine，my，isn't).

----

(2) このコンピュータはだれのものですか。(is，this computer，my，whose)?

----

(3) このバイオリンはあなたのものですか。(this violin，your，yours，is)?

----

(4) あの婦人は私の妹の先生です。

(is，teacher，my，that，sister's，sister，lady).

🟡 語句　violin「バイオリン」 lady「婦人」

重要 **5** 次の各組の英文がほぼ同じ意味になるように，＿＿＿に適切な語を入れなさい。(15 点)

(1) That is not Mary's doll.

= That doll is not ＿＿＿＿＿＿＿＿.

(2) Whose watch is this?

= ＿＿＿＿＿＿＿＿ is this watch?

(3) Is this book yours or Mike's?

= Is ＿＿＿＿＿＿＿ your book or ＿＿＿＿＿＿＿?

6 次の日本文を英語にしなさい。(21 点)

(1) この部屋はマイク(Mike)のです。

----

(2) この車はスミス氏(Mr. Smith)のものですか。

----

(3) このボールはだれのですか。— 私の兄のです。

ワンポイント **6** (1)「マイクの」＝「マイクのもの」と考える。
(3)「だれの」＝「だれのもの」，「私の兄の」＝「私の兄のもの」と考える。

Step ③ 実力問題

1 次の英文の（　）内から適切な語句を○で囲みなさい。(10点)

(1) Is this (your, my, mine) watch? — Yes. It is mine.

(2) Is that (your, my, mine) car?

　　— No. It is not (you, your, yours).

(3) Is this his bird? — No. It is not (he, his).

(4) (Whose, Which, What) is Mary's notebook?

　　— This is (her, she, hers).

(5) Is this dictionary (your sister, your sister's)?

　　— Yes. It is (your sister's, her, hers).

重要 2 次の＿＿に適切な語を入れて，対話文を完成しなさい。(21点)

(1) A : ＿＿＿＿＿＿ is Kenji?　　　　B : ＿＿＿＿＿＿ is my friend.

(2) A : ＿＿＿＿＿＿ is that tall lady?　B : ＿＿＿＿＿＿ is my aunt.

(3) A : ＿＿＿＿＿＿ is this?　　　　B : ＿＿＿＿＿＿ a computer.

(4) A : Is this ＿＿＿＿＿＿ bag or your brother's?　B : It is mine.

(5) A : ＿＿＿＿＿＿ is your name?

　　B : ＿＿＿＿＿＿ name is Tom Jones.

(6) A : ＿＿＿＿＿＿ is your dog?　B : That is ＿＿＿＿＿＿.

(7) A : ＿＿＿＿＿＿ are you?

　　B : I am a junior high school student.

3 意味が通る英文になるように，次の（　）内の語を並べかえなさい。(16点)

(1) (glove, mine, that, is).　(am, a, good, I, baseball, player).

----

(2) (a, dog, is, that, pretty).　(it, whose, is)?

----

(3) (his, what, is, brother)? — (doctor, he, a, is).

----

(4) (notebook, your, or, this, hers, is)? — (mine, is, it).

第1章
第2章
第3章
第4章
第5章
第6章
第7章
第8章
第9章
第10章
総仕上げテスト

重要 **4** 次の英文の下線部が答えの中心となる疑問文を作りなさい。(20点)

(1) She is <u>Ms. Jones</u>. _____

(2) <u>Yes, it is</u>. It's Jane's (notebook).

_____

(3) He is <u>my brother</u>. _____

(4) It is <u>Jane's</u> (hat). _____

5 次のようなとき，英語で何と言えばよいか書きなさい。(8点)

(1) 相手の職業をたずねるとき。

_____

(2) 近くにある赤いかばんがだれのものかをたずねるとき。

_____

記述式 **6** 次の英文は健太(Kenta)の自己紹介です。健太とその家族のデータを参考にして，英文を完成しなさい。(25点)

健太と家族のデータ

山田健太	父：山田太郎	母：山田花子
中学生 サッカーが上手	英語の先生 テニスが上手	料理が上手

My name is Yamada Kenta.

I am a junior high school student.

(1) I _____.

(2) _____ is Yamada Taro.

(3) He _____.

(4) Yamada Hanako is _____.

(5) She _____.

🍪 語句 「料理をする人」cook

8 それらは鳥です 〈複数形〉

重要点をつかもう

1 **These** are my **notebooks**. ポイント❶ ポイント❷

（これらは私のノートです。）

2 What are **these**〔**those**〕? ポイント❷

（これら〔あれら〕は何ですか。）

3 **They** are **birds**. ポイント❶ ポイント❸

（それらは鳥です。）

ポイント❶ **名詞の複数形**…複数（＝２つ以上のもの）を表すときに使う。名詞の終わりに **s** や **es** をつけて表す。

（単数）a pen →（複数）**two** pen**s**　　（単数）a box →（複数）**three** box**es**

ポイント❷ **these** … this の複数形で「**これらは**」の意味。名詞の前に置いて「**これらの**」という意味にもなる。

those … that の複数形で「**あれらは**」の意味。名詞の前に置いて「**あれらの，それらの**」という意味にもなる。

→主語が複数のとき，be 動詞は **are** を使う。あとに続く名詞も複数形になる。（→ p.38）

ポイント❸ **they** … it の複数形で「**それらは**」の意味。前に使われている these や those を指して they で言いかえることができる。

Step 1 基本問題

解答▶別冊 10 ページ

1 [名詞の複数形] 次の名詞の複数形を書きなさい。

(1) girl _____　　(2) city _____

(3) watch _____　　(4) wife _____

(5) song _____　　(6) bus _____

(7) leaf _____　　(8) chair _____

(9) box _____　　(10) dish _____

(11) baby _____　　(12) child _____

語句　wife「妻」　leaf「葉」　dish「皿」　child「子ども」

Guide

確認 **複数形の作り方**

① **s** をつける。
boys, dogs, books

② つづりが s, ch, sh, x
（発音が [s], [tʃ], [ʃ], [ks]）
で終わる語は **es** をつける。
buses, boxes,
churches, classes

2 [these, those, they] 次の絵を見て，例にならって英文を口に出して言いなさい。

例	(1)	(2)	(3)
these	these	those	those

例 What are these? — They are balls.

3 [these と those] 次の英文の（　）内の語を，適切な形に直して，全文を書きなさい。

(1) (This) are books.

_____

(2) (That) are houses.

_____

(3) (It) are beautiful flowers.

_____

(4) What are (this)?

_____

語句 beautiful「美しい」 flower「花」

4 [疑問文と応答文] 次の＿＿＿に適切な語を入れて，対話文を完成しなさい。

(1) A : What is this?

B : _____ _____ an apple.

(2) A : What are those?

B : _____ _____ eggs.

(3) A : Are these French dolls?

B : Yes, _____ _____ .

(4) A : Whose books are these?

B : _____ _____ Jane's.

語句 French「フランスの」

③〈子音字＋y〉で終わる語は y を i にかえて es をつける。
lady — ladies「女性」
lily — lilies「ゆり」
baby — babies「赤ん坊」
④ f, fe を v にかえて es をつける。
wolf — wolves「おおかみ」
knife — knives「ナイフ」
⑤不規則な複数形
child — children「子ども」
foot — feet「足」

確認 複数形の s, es の発音

▶ [s], [z], [iz] の3通りの発音がある。
①ふつうは [z] と発音する。
balls, rooms, friends(friends は d と s の音が重なって [dz] と発音する。)
②語尾が無声音のときは [s] と発音する。
books, cups, cats
(cats は t と s の音が重なって [ts] と発音する。)
③語尾が [s, z, ʃ, ʒ, tʃ, dʒ] の音のときは [iz] と発音する。
boxes, classes, oranges

1 次の絵を見て，例にならって英文を作りなさい。(20点)

例　What are those?　— They are four pens.

(1) ⋯⋯⋯⋯⋯⋯⋯⋯⋯⋯⋯⋯⋯⋯⋯⋯⋯⋯⋯⋯⋯⋯⋯⋯⋯⋯⋯⋯⋯⋯⋯⋯⋯

(2) ⋯⋯⋯⋯⋯⋯⋯⋯⋯⋯⋯⋯⋯⋯⋯⋯⋯⋯⋯⋯⋯⋯⋯⋯⋯⋯⋯⋯⋯⋯⋯⋯⋯

(3) ⋯⋯⋯⋯⋯⋯⋯⋯⋯⋯⋯⋯⋯⋯⋯⋯⋯⋯⋯⋯⋯⋯⋯⋯⋯⋯⋯⋯⋯⋯⋯⋯⋯

(4) ⋯⋯⋯⋯⋯⋯⋯⋯⋯⋯⋯⋯⋯⋯⋯⋯⋯⋯⋯⋯⋯⋯⋯⋯⋯⋯⋯⋯⋯⋯⋯⋯⋯

重要 **2** 次の下線部の発音はア [s]，イ [z]，ウ [iz] のどれであるか，記号で答えなさい。(18点)

(1) pencil<u>s</u>　　　　　（　　　）　　(2) notebook<u>s</u>　　　　　　　　（　　　）

(3) box<u>es</u>　　　　　（　　　）　　(4) map<u>s</u>　　　　　　　　　　（　　　）

(5) ros<u>es</u>　　　　　（　　　）　　(6) watch<u>es</u>　　　　　　　　（　　　）

(7) car<u>s</u>　　　　　　（　　　）　　(8) cup<u>s</u>　　　　　　　　　　（　　　）

(9) song<u>s</u>　　　　　（　　　）

🗨 語句　rose「ばら」

重要 **3** 次の英文の(　)内から適切な語を○で囲みなさい。(20点)

(1) Those (is，are) American baseball players.

(2) Are these roses? — Yes, (it，they) are.

(3) These (boy，boys) are from China.

(4) Whose (dictionary，dictionaries) are these?

(5) Who are (that，those) girls?

🗨 語句　American「アメリカ人の」

4　次の日本文に合うように，（　）内の語を並べかえなさい。ただし，下線部の語を適切な形にかえること。(18点)

(1) あれらはあなたのお兄さんの車ですか。

(that, cars, brother's, are, your)?

- -

(2) これらは日本語の単語です。(words, this, are, Japanese).

- -

(3) これらは英語の辞書ではありません。

(not, these, dictionary, English, are).

- -

😮 語句　word「単語」　Japanese「日本語の」

5　次の日本文を英語にしなさい。(24点)

(1) あれらの花はゆりではありません。ばらです。

- -

- -

(2) これらはあなたのお父さんの本ですか。

- -

(3) あの男の子たちは中学生ですか。

- -

(4) トム(Tom)とボブ(Bob)はよい友だちです。

- -

(5) これらはオレンジですか，それともレモンですか。

- -

(6) これらの鉛筆_{えんぴつ}はだれのですか。― 健太(Kenta)のです。

- -

- -

😮 語句　「ゆり」lily

ワンポイント

4 遠くにあるものは those，近くにあるものは these を使ってたずねる。

2 s，es の発音については p.35 の「Guide」を参照すること。

4 主語が複数のときは，主語以外にも複数形になる語があることが多いので注意する。

5 (4)Tom and Bob は2人だから，これが主語になると「よい友だち」も複数形になる。

9 私たちは学生です　〈we, you, they〉

重要点をつかもう

1. You and I **are** students. **We are** students. `ポイント①` `ポイント②`

   （あなたと私は学生です。私たちは学生です。）

2. You and Tom **are** students. **You are** students. `ポイント①` `ポイント②`

   （あなたとトムは学生です。あなたたちは学生です。）

3. **They are** soccer players. `ポイント①` `ポイント②`

   （彼らはサッカー選手です。）

`ポイント①` **we**「私たちは〔が〕」…自分（＝ I）を含む複数の人を指す。

you「あなたたちは〔が〕」…相手（＝ you）を含む複数の人を指す。

they「彼らは〔が〕」…自分と相手を含まない複数の人を指す。

you and I,　Tom and I → we

you and Tom → you

Tom and Jane → they

`ポイント②` **A（複数）are B（複数）**…主語Aが複数ならBにくる名詞も複数。be 動詞は **are** を使う。

Step 1 基本問題

解答▶別冊 11 ページ

1 [we, you, they] 次の英文の（　）内の語句を，適切な形に直しなさい。(5), (6)は代名詞に直しなさい。

(1) (He) are famous singers.　　　　　　　--------------

(2) (I) are good friends.　　　　　　　　　--------------

(3) You and Bob (is) students.　　　　　　--------------

(4) My friends (isn't) teachers.　　　　　--------------

(5) (You and Kenji) are classmates.　　　--------------

(6) (Akira and Jim) are soccer players.　--------------

(7) Yui and Yuki are my (sister).　　　　--------------

語句　famous「有名な」

G u i d e

⚠ 注意　単数と複数の you

▶ you には「あなたは」と「あなたたちは」の2つの意味がある。あとにくる名詞の形で区別する。
You are a student.
「あなたは」（＝単数）
You are students.
「あなたたちは」（＝複数）

2 [we, they] 次の絵を見て，例にならって英文を作りなさい。

例 Tom I	(1) Mary I	(2) Ann Tom	(3) Jane Bill
brothers	students	friends	teachers

例 Tom and I are brothers. We are brothers.

(1) _____

_____

(2) _____

_____

(3) _____

_____

3 [we, you, they を含む応答文] 次の疑問文に対する答えとして正しいものをア～クから選び，記号で答えなさい。

(1) Are you brothers?　　　　　　　　（　　　）

(2) What are those?　　　　　　　　　（　　　）

(3) Are you brothers or friends?　　　（　　　）

(4) Are Tom and Bob brothers or friends?　（　　　）

(5) Are Jane and Nancy good friends?　（　　　）

　ア　They are balloons.　　イ　They are friends.

　ウ　We are friends.　　　　エ　Yes, you are.

　オ　We aren't friends.　　　カ　No, we aren't.

　キ　Yes, they are.　　　　　ク　No, you aren't.

🔵 語句　balloon「風船」

4 [代名詞と be 動詞] 次の英文の＿＿に適切な語を入れなさい。

(1) Tom _____ a musician. I _____ a

musician, too. We _____ musicians.

(2) _____ Tom and Mary friends?

— Yes, _____.

Step 2 標準問題

解答▶別冊 12 ページ

1 次の絵を見て，例にならって英文を作りなさい。(12点)

例 We	(1) Tom and Rick	(2) your sister and I	(3) they
college students	my brothers	friends	my pets

例　We are college students.

(1) _____

(2) _____

(3) _____

語句　pet「ペット」

重要 2 次の英文を(　)内の指示に従って書きかえなさい。(20点)

(1) He is an American boy.　（主語を複数形にして）

_____

(2) Is Ann a high school student?　（Ann を Ann and Jane にして）

_____

(3) We are <u>teachers</u>.　（下線部が答えの中心となる疑問文に）

_____

(4) They are <u>my friends</u>.　（下線部が答えの中心となる疑問文に）

_____

3 次の英文の下線部を代名詞にかえなさい。(20点)

(1) Are <u>your parents</u> busy? _____

(2) <u>Mr. and Mrs. Black</u> are doctors. _____

(3) <u>You and I</u> are scientists. _____

(4) Who are <u>the boys</u>? _____

語句　parents「両親」　busy「忙しい」　Mr. and Mrs. Black「ブラック夫妻」

4　次の日本文に合うように，（　）内の語句を並べかえなさい。(30点)

(1) トムとマイクは親友ですか。

(and, friends, are, Mike, Tom, good)?

----

(2) あの女の子たちはだれですか。

(are, who, girls, those)?

----

(3) 彼らの仕事は何ですか。

(jobs, are, what, their)?

----

(4) この女の子たちはアメリカ人の学生です。

(girls, students, these, American, are).

----

(5) 彼女らは私の友だちです。

(are, friends, they, my).

----

(6) 私たちの英語の先生は矢野先生とスミス先生です。

(Mr. Yano, English, and, Mr. Smith, teachers, our, are).

🟡 語句　job「仕事」

5　次の_____に適切な語を入れて，対話文を完成しなさい。(18点)

(1) *A :* Are Jane and Mary sisters?

　　B : _____ , _____ are.

(2) *A :* Are those birds or _____ ?

　　B : _____ are planes.

(3) *A :* _____ your parents teachers?

　　B : Yes, _____ _____ .

★─★─★─★─★─★─★─★─★─★─★─★─★─★─★─★─★─★─★─★

ワンポイント　**4** (3)は職業をたずねる文，(4)はどんな人か〔だれなのか〕をたずねる文を書く。
5 (2)「あれらは鳥ですか，それとも～ですか」という文を完成させる。

Step ③ 実力問題

【　　月　　日】

時間 40分　合格点 75点　得点　　点

解答▶別冊12ページ

1 次の語の複数形を書きなさい。(10点)

(1) dog .... (2) this ....

(3) box .... (4) that ....

(5) wolf .... (6) class ....

(7) he .... (8) dish ....

(9) country .... (10) bus ....

2 次の絵の中の英文の(　)内にあてはまる最も適切な語を書きなさい。(16点)

(1) ⓐ .... ⓑ ....

(2) ⓐ .... ⓑ .... ⓒ ....

(3) ⓐ .... ⓑ ....

(4) ⓐ .... ⓑ .... ⓒ ....

重要 3 次の英文の下線部の語を複数形にして,全文を書きかえなさい。(20点)

(1) <u>This</u> is a camera. It is a good camera.

----

(2) <u>That</u> isn't a tulip. It is a lily.

----

(3) What is <u>this</u>? — It is an album.

----

(4) What is <u>that</u>? — It is a box.

----

(5) Is <u>this</u> a bike or a motorbike? — It is a bike.

重要 4 次の日本文に合うように，（ ）内の語句を並べかえなさい。ただし，下線部の語句を適切な形にかえること。(24点)

(1) トムとボブは私のいとこです。

(Tom，<u>my cousin</u>，Bob，and，are)．

(2) この男の子たちはあなたのクラスメートですか。

(are，<u>this boy</u>，classmates，your)？

(3) これらのねこはだれのものですか。― 私のものです。

(whose，<u>this cat</u>，are)？ ―（mine，are，<u>it</u>）．

(4) あの背の高い女の子たちはバスケットボールの選手です。

(tall，are，girls，<u>a basketball player</u>，those)．

5 次の日本文を英語にしなさい。(30点)

(1) トム（Tom）とナンシー（Nancy）はあなたの友だちですか。

(2) これらの犬はアメリカ出身です。― かわいいですね。

(3) スミス夫妻（Mr. and Mrs. Smith）は私の両親の友だちです。

(4) 私は先生です。あなたたちも先生です。

(5) これらはハンバーガー2つと，ジュース3つです。

(6) バスケットボールと野球はとても人気があるスポーツです。

語句 Australian「オーストラリア人」 ハンバーガー「hamburger」 ジュース「juice」 人気がある「popular」

10. サッカーが好きです 〈一般動詞〉

重要点をつかもう

1 I **like** soccer. ポイント❶

（私はサッカーが好きです。）

2 **Do** you **play** the piano? — Yes, I **do**. / No, I **don't**. ポイント❷

（あなたはピアノをひきますか。 — はい，ひきます。 / いいえ，ひきません。）

3 I **don't**〔**do not**〕 **like** lemons. ポイント❸

（私はレモンが好きではありません。）

ポイント❶ **一般動詞**…be 動詞（am，is，are）以外の動詞。〈**A**＋一般動詞〜〉の形で用い，**A**の動作を表すものと状態を表すものがある。

（動作）**walk**「歩く」　　　　I **walk** to school.「私は学校に**歩いて行きます**。」

（状態）**like**「〜が好きである」　I **like** sports.「私はスポーツ**が好きです**。」

ポイント❷ **疑問文**…〈**Do**＋**A**＋**一般動詞**〜**?**〉の形で，「**A**は〜しますか。」の意味。

Do you **play** soccer?「あなたはサッカー**をしますか**。」

応答文　Yes, I **do**.「はい，**します**。」 / No, I **don't**〔**do not**〕.「いいえ，**しません**。」

ポイント❸ **否定文**…〈**A**＋**don't**〔**do not**〕＋**一般動詞**〜〉の形で，「**A**は〜しません」の意味。

I **don't**〔**do not**〕 **eat** fish.「私は魚**を食べません**。」

Step 1 基本問題

解答▶別冊 13 ページ

1 [be 動詞と一般動詞] 次の英文の（ ）内から適切な語を○で囲みなさい。

(1) I (am, have, play) tennis.

(2) They (are, play, study) my students.

(3) Do you (are, eat, like) Japanese dolls?

(4) You (aren't, don't, not) play baseball.

(5) We (are, watch, speak) TV.

(6) I (am, do, don't) not from Nara.

(7) They (am, eat, study) oranges.

語句 have「〜を持っている」 Japanese doll「日本人形」

Guide

主な一般動詞

▶一般動詞と be 動詞はいっしょには使わない。

・speak「話す」

・play「（スポーツ）をする，（楽器）を演奏する」

・like「〜が好きである」

・study「〜を勉強する」

・have「〜を持っている」

・know「〜を知っている」

2 ［一般動詞の文］次の絵を見て，例にならって英文を作りなさい。

例	(1)	(2)	(3)
play	play	like	speak

例　I play soccer.

(1) _____

(2) _____

(3) _____

3 ［一般動詞の問答文］次の英文を例にならって書きかえなさい。

例　You play tennis.　（Yes）

　　→ Do you play tennis?　— Yes, I do.

(1) You know Mr. Yamada.　（Yes）

_____

(2) You study French.　（No）

_____

(3) You wash your car.　（Yes）

_____

(4) They live in Osaka.　（No）

_____

語句　French「フランス語」　wash「～を洗う」　live「住む」

4 ［一般動詞の文］次の英文を日本語にしなさい。

(1) Do you like English?

（　　　　　　　　　　　　　　　　　　　　　　　）

(2) I don't know your father.

（　　　　　　　　　　　　　　　　　　　　　　　）

くわしく　I study English.

▶「私は英語を勉強します。」という文は，「今，現在」の動作や状態を表す。これらの動詞は「現在形」と呼ばれる。
　過去や未来の内容を表すには，動詞を過去形（→ p.96）にしたり未来を表す語とともに使う必要がある。

注意　play the＋楽器

▶楽器を「演奏する」というとき動詞は play を使うが，ふつう play と楽器名の間には the を置く。

ひと休み　つづりの長い英単語

▶一般動詞は種類が多くて，覚えるのに苦労している人も多いだろう。英単語はたくさんあるが，中にはこんな長い英単語もあることを知っているだろうか。
anthropomorphize
「～を擬人化する」
compartmentalize
「～を区別する」
どちらも 16 文字ある。
また，
floccinaucinihilipilification
という 29 文字の英単語もある。意味は「無価値とみなすこと」だ。

1 次の＿＿に適切な語を入れて，対話文を完成しなさい。(15点)

(1) *A* : Are you an American boy?

　　B : Yes, I ＿＿＿＿＿＿＿.

(2) *A* : Do you like milk?

　　B : Yes, I ＿＿＿＿＿＿＿.

(3) *A* : Do you want milk or tea?

　　B : I ＿＿＿＿＿＿＿ milk.

🐚 語句　milk「牛乳」　want「～が欲しい」　tea「紅茶」

重要 2 次の英文を疑問文と否定文に書きかえなさい。(24点)

(1) You study science.

　　(疑問文) ＿＿＿＿＿＿＿＿＿＿＿＿＿＿＿＿＿＿＿＿＿＿＿＿＿

　　(否定文) ＿＿＿＿＿＿＿＿＿＿＿＿＿＿＿＿＿＿＿＿＿＿＿＿＿

(2) They play baseball in the park.

　　(疑問文) ＿＿＿＿＿＿＿＿＿＿＿＿＿＿＿＿＿＿＿＿＿＿＿＿＿

　　(否定文) ＿＿＿＿＿＿＿＿＿＿＿＿＿＿＿＿＿＿＿＿＿＿＿＿＿

(3) You need a CD player.

　　(疑問文) ＿＿＿＿＿＿＿＿＿＿＿＿＿＿＿＿＿＿＿＿＿＿＿＿＿

　　(否定文) ＿＿＿＿＿＿＿＿＿＿＿＿＿＿＿＿＿＿＿＿＿＿＿＿＿

🐚 語句　science「理科」　in the park「公園で」　need「～を必要とする」

3 意味が通る英文になるように，次の(　)内の語句を並べかえなさい。(25点)

(1) (play, do, the, you, guitar)?

＿＿＿＿＿＿＿＿＿＿＿＿＿＿＿＿＿＿＿＿＿＿＿＿＿＿＿＿＿

(2) (clean, room, your, you, do)?

＿＿＿＿＿＿＿＿＿＿＿＿＿＿＿＿＿＿＿＿＿＿＿＿＿＿＿＿＿

第1章
第2章
第3章
第4章
第5章
第6章
第7章
第8章
第9章
第10章
総仕上げテスト

(3) (baseball, they, every day, play, do)?

....

(4) (know, those, you, English songs, do)?

....

(5) (don't, I, this, use, dictionary).

....

🦴 語句　every day「毎日」

重要
🖐 **4**　次の日本文に合うように，＿＿＿に適切な語を入れなさい。(16点)

(1) 私はテニスが好きです。

　　I .... tennis.

(2) 私は本を300冊持っています。　I .... three hundred books.

(3) あなたは2つの言語を話しますか。

　　........................ you .... two languages?

(4) 私はこの歌を知りません。

　　I .... this song.

🦴 語句　hundred「100の」　language「言語」

5　次の日本文を英語にしなさい。(20点)

(1) 私は犬を1匹とねこを3匹飼っています。

....

(2) あなたはあの男の子たちを知っていますか。— はい，知っています。

....

(3) 私は英語を話します。日本語は話しません。

....

(4) 彼らはこのカメラを使いますか。　— いいえ，使いません。

....

🦴 語句　「〜を飼う」have

ワンポイント

3 (1)(2)(3)(4)疑問文は，〈Do＋主語＋一般動詞〜?〉の語順。
　　(5)否定文は，〈主語＋don't〔do not〕＋一般動詞〜.〉の語順。

11.

第4章 一般動詞　　　　　　　　　　【　　月　　日】

彼はテニスをします

〈一般動詞（3人称単数）〉

🎯 **重要点をつかもう**

1 He **likes** soccer. 🔖ポイント❶

（彼はサッカーが好きです。）

2 **Does** Jane **play** the piano? 🔖ポイント❷

— Yes, she **does**. / No, she **doesn't**.

（ジェーンはピアノをひきますか。— はい，ひきます。／いいえ，ひきません。）

3 She **doesn't**〔**does not**〕**like** tennis. 🔖ポイント❸

（彼女はテニスが好きではありません。）

🔖**ポイント❶** **主語が3人称単数の場合**…一般動詞の文で，主語が3人称（＝I，we，you以外）で単数のとき，ふつう動詞の語尾には **s** または **es** をつける。

例外　Kenji **has** many books.「賢治はたくさんの本**を持っています。**」

└─have は **has** という形になる

🔖**ポイント❷** **疑問文**…〈**Does**＋**A**＋一般動詞の原形〜**?**〉の形になる。

応答文　Yes, she **does**.「はい，**します。**」

　　　　No, she **doesn't**〔**does not**〕.「いいえ，**しません。**」

🔖**ポイント❸** **否定文**…〈**A**＋**doesn't**〔**does not**〕＋一般動詞の原形〜〉の形になる。

Step 1 基本問題

解答▶別冊14ページ

1 ［一般動詞の文］次の英文の（　）内から適切な語を○で囲みなさい。

(1) (Do, Does, Is) Mr. Jones teach English?

(2) Lucy (don't, doesn't, isn't) speak Japanese.

(3) Mike (have, has, does) a small cat.

(4) (Do, Does, Are) you speak English?

(5) They (walk, walks, does) to school.

(6) My father (don't, doesn't, isn't) play the guitar.

(7) (Do, Does, Is) the dog like the cat?

🔊 語句　small「小さい」

Guide

くわしく　人称と人数

▶I は1人称単数，you は2人称単数（「あなたたちは」という意味なら2人称複数），we は1人称複数と呼ばれる。これらが主語のとき一般動詞には s や es はつかないが，これら以外で単数の主語（＝3人称単数）のとき，一般動詞の語尾には s や es をつける。

2 [主語が３人称単数の文]（　）内の動詞を正しい形にして，
　　　に入れなさい。

(1) Mike ＿＿＿＿＿＿＿ tennis. （like）

(2) He ＿＿＿＿＿＿＿ a dog. （have）

(3) Mike ＿＿＿＿＿＿＿ French every day. （study）

(4) Mr. Smith ＿＿＿＿＿＿＿ science. （teach）

(5) Mary ＿＿＿＿＿＿＿ to bed at ten. （go）

🟡 語句　at ten「10時に」

3 [主語が３人称単数の問答文] 次の絵を見て，例にならって
英文を作りなさい。

例	(1)	(2)	(3)
Tom, Yes	Mary, No	your brother, No	your sister, Yes

例　Does Tom like apples? — Yes, he does.

(1) ＿＿＿＿＿＿＿＿＿＿＿＿＿＿＿＿＿＿＿＿＿

(2) ＿＿＿＿＿＿＿＿＿＿＿＿＿＿＿＿＿＿＿＿＿

(3) ＿＿＿＿＿＿＿＿＿＿＿＿＿＿＿＿＿＿＿＿＿

4 [一般動詞の文の書きかえ] 次の英文を（　）内の指示に従って
書きかえなさい。

(1) You sing very well. （下線部を Tom にかえて）

＿＿＿＿＿＿＿＿＿＿＿＿＿＿＿＿＿＿＿＿＿＿

(2) Bob wants a new bike. （疑問文に）

＿＿＿＿＿＿＿＿＿＿＿＿＿＿＿＿＿＿＿＿＿＿

(3) Jane watches TV after dinner. （否定文に）

＿＿＿＿＿＿＿＿＿＿＿＿＿＿＿＿＿＿＿＿＿＿

🟡 語句　after dinner「夕食後に」

 s, es のつけ方

▶名詞の複数形の作り方と同じ。
①ふつうはそのまま s をつける。
helps, likes, plays
②語尾が o, ch, sh, s, x で終わるときは es をつける。
goes, teaches, washes
③語尾が〈子音字＋y〉で終わるときは y を i にかえて es をつける。
study — studies
cry — cries
carry — carries

 動詞の原形

▶動詞に s や es をつけないもとの形を動詞の原形という。

she と sea

▶ she「彼女は」の発音は「海」を表す sea とよく似ている。そのことをふまえて，次の早口言葉を言ってみよう。
She sells seashells by the seashore.
「彼女は海岸で海の貝殻を売っています。」

第1章
第2章
第3章
第4章
第5章
第6章
第7章
第8章
第9章
第10章
総仕上げテスト

【 　　月　　日】

解答▶別冊 15 ページ

1 次の日本文に合うように，下の□から適切な語を選び，必要ならば適切な形にかえて　　　に書きなさい。(16点)

(1) その女の子たちはバイオリンをひきますか。

　　　　　　　　　　 the girls 　　　　　　　　　　 the violin?

(2) 私の母は英語を話します。

　　My mother 　　　　　　　　　　 English.

(3) この男の子たちは数学が好きではありません。

　　These boys 　　　　　　　　　　 　　　　　　　　　　 math.

(4) 私のおばさんはこれらのねこが大好きです。

　　My aunt 　　　　　　　　　　 these cats.

do	don't	speak	like	play	love

🗨 語句 love「～が大好きである」

2 次の絵を見て，例にならって英文を作りなさい。(12点)

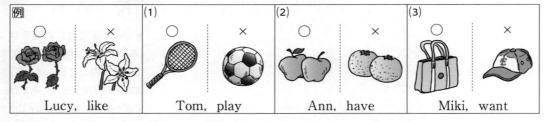

例　Lucy likes roses. She doesn't like lilies.

(1) _____

(2) _____

(3) _____

3 次の日本文に合うように，英文の　　　に適切な語を入れなさい。(40点)

(1) 私たちは公園で野球をしません。

　　We 　　　　　　　　　　 　　　　　　　　　　 baseball in the park.

(2) あの女の子は英語をとても上手に話しますか。

_____ that girl _____ English very well?

(3) あなたのお兄さんたちは毎日テニスをしますか。

_____ your brothers _____ tennis every day?

(4) 彼女は私たちの学校で英語を教えています。

She _____ at our school.

(5) あなたのお父さんはこのコンピュータを使いますか。

_____ your father _____ this computer?

(6) 私の兄は歩いて学校に行きません。自転車で行きます。

My brother _____ walk to school. He _____ to school by bike.

(7) 私たちの母は夕食を作りません。父が作ります。

Our mother _____ cook dinner. Our father _____.

(8) ボブと彼のお兄さんは朝食前に走りますか。

_____ Bob and his brother _____ before breakfast?

🟡 語句　at「～で」（場所を表す）　to「～に」（場所を表す）　by「～で」（交通手段を表す）

重要 👑**4**　次の日本文を英語にしなさい。(32点)

(1) あなたのお母さんはバイオリンを持っています。

----

(2) 彼は放課後，ドラムを演奏するのですか。

----

(3) トム(Tom)は新しいコンピュータを欲しがっています。

----

(4) 私の父は音楽があまり好きではありません。

🟡 語句　「放課後」after school　「ドラム」the drums　「あまり～でない」not ~ very much

ワンポイント
1 主語が単数か複数かをまず考える。
4 (2)「(楽器)を演奏する」と言うとき，楽器の前には the を置く。

51

12 私は彼女を愛しています 〈目的格〉

重要点をつかもう

1 I love **her**. ☞ポイント❶

（私は**彼女を**愛しています。）

2 Do you know Mr. Smith? ― Yes. I know **him**. ☞ポイント❶

（あなたはスミスさんを知っていますか。― はい。私は**彼を**知っています。）

3 Mary is kind to **us**. ☞ポイント❷

（メアリーは**私たちに**親切です。）

☞**ポイント❶** **目的格**…〈**A**＋一般動詞＋**B**〉の形で，**B**の位置にくる代名詞は形がかわる。この形を**目的格**という。日本語では「**〜を**」，「**〜に**」の意味。

（主格）	I	you	he	she	it	we	they
	↓	↓	↓	↓	↓	↓	↓
（目的格）	**me**	**you**	**him**	**her**	**it**	**us**	**them**

☞**ポイント❷** **前置詞の後ろにくる目的格**…前置詞の後ろに代名詞がくるときは目的格になる。

Step 1 基本問題

Guide

解答▶別冊 15 ページ

1 [代名詞の格] 次の英文の下線部の語句を，例にならって 1 語の代名詞に書きかえなさい。

例 I know <u>your brother</u>. .... him

(1) I know <u>your mother</u>. ....

(2) Do you know <u>Mr. White</u>? ....

(3) Do you like <u>grapes</u>? ....

(4) <u>Your father</u> doesn't know Mike. ....

(5) I don't like <u>math</u>. ....

(6) I love <u>my father and mother</u>. ....

語句 grape「ぶどう」

 代名詞の形

▶代名詞にはそれぞれ４つの形がある。まとめて覚えよう。

①単数
・I ― my ― me ― mine
・you ― your ― you ― yours
・he ― his ― him ― his
・she ― her ― her ― hers
・it ― its ― it ― なし

②複数
・we ― our ― us ― ours
・you ― your ― you ― yours
・they ― their ― them ― theirs

2 [代名詞の格] 次の英文の（　）内の代名詞を適切な形にしなさい。

(1) I don't know（he）. ----------------------

(2) What is（you）name? ----------------------

(3) Do you like（she）? ----------------------

(4)（We）teacher is very kind. ----------------------

(5) Mr. Brown likes（we）very much. ----------------------

🥮 語句　very much「とても」

3 [代名詞の目的格] 次の絵を見て，例にならって英文を作りなさい。

例	(1)	(2)	(3)
Tom	Mary	Mr. White	your sister

例　I know Tom. I know him.

(1) ----------------------

(2) ----------------------

(3) ----------------------

4 [代名詞の目的格] 次の英文の＿＿＿に適切な代名詞を入れなさい。

(1) Do you know that man?

　— Yes. I work with ＿＿＿＿＿.

(2) I don't know Fred's wife.

　Do you know ＿＿＿＿＿?

(3) I don't like dogs.

　I'm afraid of ＿＿＿＿＿.

(4) This is the present for you.

　Do you like ＿＿＿＿＿?

🥮 語句　with「〜と」　I'm afraid of 〜「私は〜がこわい」　for「〜のための」

確認 🔍 名詞→代名詞の置きかえ

▶名詞の意味や単数か複数かなどに注意して置きかえる。例えば **1** の例の your brother は男性で単数（1 人），動詞の後ろにあって「〜を」の意味なので him に置きかえる。「物」の場合は単数なら it，複数なら them に置きかえる。

　I like **apples**.
　　物・複数「〜を」
→ I like **them**.

▶代名詞の目的格
・me「私を〔に〕」
・you「あなた（たち）を〔に〕」
・him「彼を〔に〕」
・her「彼女を〔に〕」
・it「それを〔に〕」
・us「私たちを〔に〕」
・them「彼〔彼女，それ〕らを〔に〕」

注意 ⚠️ for と to の使い分け

▶ the present for you は「あなたのためのプレゼント」という意味。「私はそのプレゼントをあなたにあげます。」は I give the present to you. となる。

解答▶別冊 16 ページ

1 次の＿＿＿に適切な代名詞を入れて，対話文を完成しなさい。(28点)

(1) *A* : Do you know me?

　　B : Yes, I do. I know ＿＿＿＿＿＿＿＿ very well.

(2) *A* : Are Mike and Jane students?

　　B : Yes, ＿＿＿＿＿＿＿ are. Mr. Yamada is ＿＿＿＿＿＿＿ teacher.

(3) *A* : Do you and your sister help your mother?

　　B : Yes. ＿＿＿＿＿＿＿ help ＿＿＿＿＿＿＿ very often.

(4) *A* : Does Mike play soccer with his friends?

　　B : Yes. ＿＿＿＿＿＿＿ often plays soccer with ＿＿＿＿＿＿＿.

(5) *A* : Do you know Mike and Bob, Mr. White?

　　B : Yes, ＿＿＿＿＿＿＿ do. ＿＿＿＿＿＿＿ are my students.

(6) *A* : Does Mary play the piano?

　　B : Yes. ＿＿＿＿＿＿＿ plays ＿＿＿＿＿＿＿ very well.

(7) *A* : Are your sisters junior high school students?

　　B : No. ＿＿＿＿＿＿＿ are high school students.

🍀 語句　often「よく，しばしば」

2 次の絵を見て，例にならって英文を作りなさい。(20点)

例	(1)	(2)	(3)	(4)
Mike,　love	Nancy,　know	Tom and Bob, like	my mother, help	Mr. Jones, remember

例　This is Mike. I love him.

(1) ＿＿＿＿＿＿＿＿＿＿＿＿＿＿＿＿＿＿＿＿＿＿＿＿＿＿＿＿＿＿＿＿＿＿＿＿＿

(2) ＿＿＿＿＿＿＿＿＿＿＿＿＿＿＿＿＿＿＿＿＿＿＿＿＿＿＿＿＿＿＿＿＿＿＿＿＿

(3) ＿＿＿＿＿＿＿＿＿＿＿＿＿＿＿＿＿＿＿＿＿＿＿＿＿＿＿＿＿＿＿＿＿＿＿＿＿

(4) ＿＿＿＿＿＿＿＿＿＿＿＿＿＿＿＿＿＿＿＿＿＿＿＿＿＿＿＿＿＿＿＿＿＿＿＿＿

🍀 語句　remember「～を覚えている」

3 次の日本文に合うように，（　）内の語句を並べかえなさい。ただし，1語不足しているので補うこと。(18点)

(1) 私は日曜日に彼女とテニスをします。

（on Sunday, I, tennis, with, play）.

- -

(2) ポールは，彼女らのことをあまり好きではありません。

（not, very, Paul, much, does, like）.

- -

(3) トムは私たちにとても親切です。

（kind, to, Tom, very, is）.

- -

🍪 語句　on Sunday「日曜日に」

4 次の英文の下線部の語句を，代名詞に書きかえなさい。(20点)

(1) <u>Fred</u> likes <u>apples</u> very much.　　　　　　　　⎯⎯⎯⎯⎯　⎯⎯⎯⎯⎯

(2) <u>My brother</u> likes <u>these boys</u>.　　　　　　　　⎯⎯⎯⎯⎯　⎯⎯⎯⎯⎯

(3) <u>Your sister</u> writes a letter to <u>John</u>.　　　　⎯⎯⎯⎯⎯　⎯⎯⎯⎯⎯

(4) <u>Mary's mother</u> likes <u>grapes</u> very much.　　⎯⎯⎯⎯⎯　⎯⎯⎯⎯⎯

(5) <u>You and I</u> know <u>Mr. Smith</u> very well.　　　⎯⎯⎯⎯⎯　⎯⎯⎯⎯⎯

🍪 語句　letter「手紙」

5 次の日本文を英語にしなさい。(14点)

(1) 私たちの先生はグリーン先生（Ms. Green）です。私は大好きです。

- -

(2) 私たちを知っていますか。― はい，知っています。

- -

★☆

ワンポイント

3 (1)「彼女と」は with を使う。(2)「彼女らのことを」＝「彼女らを」
(3)「～に親切である」は be kind to ～とする。
5 日本語では表されていないが，英語にするときは，それぞれ次のことをはっきりさせる。
(1)「何が」大好きなのか　(2)「だれがだれを」知っているのか

Step ③ 実力問題

1 次の英文を（　）内の指示に従って書きかえなさい。(20点)

(1) We like baseball. （主語を Tom にかえて）

----

(2) Mary knows <u>you and Taro</u> very well. （下線部を代名詞にかえて）

----

(3) Nancy reads Japanese books. （疑問文に）

----

(4) He plays tennis after school. （主語を複数形にして疑問文に）

----

(5) My father reads English newspapers. （否定文に）

----

2 次の英文の＿＿＿に適切な語を入れなさい。(30点)

(1) ＿＿＿＿＿＿ your brother like you? — Yes, ＿＿＿＿＿＿ does.

(2) I love Mary. She loves ＿＿＿＿＿＿, too.

(3) Do you know Tom and Bob?

　— Yes. I know ＿＿＿＿＿＿ very well.

(4) Is this your bag? — Yes. I like ＿＿＿＿＿＿ very much.

(5) Does Nancy like tennis?

　— Yes, ＿＿＿＿＿＿ does. I often play it with ＿＿＿＿＿＿.

(6) Our teachers have many interesting books. They read ＿＿＿＿＿＿ for us.

(7) Do you and Bob like classical music and jazz music?

　— Yes. ＿＿＿＿＿＿ like ＿＿＿＿＿＿ very much.

(8) We like Tom. Does he like ＿＿＿＿＿＿, too?

　— Yes. He likes ＿＿＿＿＿＿, too.

(9) Do ＿＿＿＿＿＿ study English at school? — Yes, we ＿＿＿＿＿＿.

(10) Does your school start at eight thirty?

　— No. ＿＿＿＿＿＿ ＿＿＿＿＿＿ at eight forty.

3 次の日本文に合うように，（　）内の語を並べかえなさい。ただし，1語不足しているので補うこと。(15点)

(1) あなたは彼らと野球をしますか。

(baseball, with, do, play, you)?

- -

(2) 友子は毎週4回英語の授業があります。

(English, every, four, Tomoko, week, classes).

- -

(3) ジェーンは毎朝6時に起きます。

(six, up, morning, Jane, every, at).

- -

4 次のようなとき，英語で何と言えばよいか書きなさい。(15点)

(1) 動詞 walk を使って，メアリー(Mary)は歩いて学校へ行くと言いたいとき。

- -

(2) 動詞 play を使って，圭太(Keita)はサッカーが上手だと言いたいとき。

- -

(3) 動詞 teach を使って，自分のお父さんが英語を教えていると言いたいとき。

- -

5 次のジェーンのデータを見て，ジェーンをあなたの友だちに紹介する文を，3文以上の英語で書きなさい。(20点)

名前：ジェーン・ブラウン(Jane Brown)	
出身：アメリカ	
年齢_{ねんれい}：13歳_{さい}	
好きなスポーツ：テニス	

- -

- -

- -

🐱 語句　get up「起きる」「～歳」～ year(s) old

13 私は泳げます　〈助動詞 can〉

重要点をつかもう

1 I **can** swim. ☞ポイント❶

（私は泳げます。）

2 He **can** swim, too. ☞ポイント❶

（彼も泳げます。）

3 I **can't**〔**cannot**〕 speak French. ☞ポイント❷

（私はフランス語を話せません。）

4 **Can** you play the piano? ☞ポイント❸

— Yes, I **can**. / No, I **can't**〔**cannot**〕.

（あなたはピアノをひけますか。―はい，ひけます。／ いいえ，ひけません。）

☞ポイント❶ 〈**can＋動詞の原形**〉…動詞の原形の前に助動詞の **can** を置くと「**～できる**」という意味になる。

☞ポイント❷ 否定文…〈**can't**〔**cannot**〕**＋動詞の原形**〉で「**～できない**」の意味。

☞ポイント❸ 疑問文…〈**Can＋A＋動詞の原形～?**〉で「**～できますか**」の意味。

応答文　Yes, I **can**.「はい，**できます**。」

No, I **can't**〔**cannot**〕.「いいえ，**できません**。」

Step 1 基本問題

解答▶別冊 18 ページ

1 ［can を用いた文］次の英文を，can を用いて「～できる」という意味の文に書きかえなさい。

(1) I play the violin.

----

(2) My mother drives a car.

----

(3) We make *okonomiyaki*.

語句 drive「(車)を運転する」

Guide

⚠️注意 can＋動詞の原形

▶ can を用いた文では，主語が 3 人称単数でも，動詞に s, es をつけない原形を用いる。

2　[can の否定文] 次の英文を，can't を用いて「〜できない」という意味の文に書きかえなさい。

(1) Mike speaks Japanese.

----

(2) Ken runs very fast.

語句　fast「速く」

3　[can の疑問文] 次の絵を見て，「〜できますか」という英文を作りなさい。

(1)	(2)	(3)	(4)
you, ski	Tom, play	they, skate	you, play

(1) --

(2) --

(3) --

(4) --

語句　ski「スキーをする」　skate「スケートをする」

4　[can を用いた文] 次の英文を（　）内の指示に従って書きかえなさい。

(1) Your sister can play the piano.　（疑問文に）

----

(2) Your father skis very well.　（can を用いた否定文に）

----

(3) Tom can sing English songs.　（否定文に）

----

(4) Aya uses this bike.　（「〜できる」という意味の文に）

第1章　第2章　第3章　第4章　第5章　第6章　第7章　第8章　第9章　第10章　総仕上げテスト

 くわしく　その他の助動詞

▶ can 以外にも will, must, should, may などの助動詞がある。これらは主語が何であっても，語尾に s や es などはつかない。また，助動詞の後ろにくる動詞は必ず原形になる。

 ひと休み　一般動詞の can

▶ can は，一般動詞として使われるときは「〜を缶詰にする」という意味を表し，名詞として使われるときは「缶」などの意味を表す。
だから，次のような文もありえないことはないのだ。
Can you can a can as a canner can can a can?
「あなたは缶詰製造業者が缶を缶詰にすることができるように缶を缶詰にすることができますか。」

Step ② 標準問題

解答▶別冊 18 ページ

1 次の英文の（　）内から適切な語句を○で囲みなさい。(18点)

(1) Mike can（use,　uses）this computer.

(2) Can Tom（speak,　speaks）French well?

(3) Jane can't（not play,　play）the piano.

2 次の絵を見て，例にならって英文を作りなさい。(24点)

例	(1)	(2)	(3)	(4)
Mary,　Yes	James,　No	Miki,　Yes	Kenta,　No	Mr. Kato,　Yes

例　Can Mary play tennis? — Yes, she can.

(1) _____

(2) _____

(3) _____

(4) _____

語句 「納豆」*natto*

3 次の英文を日本語にしなさい。(20点)

(1) Seiji can read English books.

（　　　　　　　　　　　　　　　　　　　　　　　　　　　　　　）

(2) Can you write a letter in English? — Yes, I can.

（　　　　　　　　　　　　　　　　　　　　　　　　　　　　　　）

(3) I can't drive a car.

（　　　　　　　　　　　　　　　　　　　　　　　　　　　　　　）

(4) I cannot play the flute.

(   )

🔵 語句　in English「英語で」　flute「フルート」

4 次の日本文に合うように，＿＿＿に適切な語を入れなさい。(20点)

(1) 私の弟は泳げません。

My brother ＿＿＿＿＿＿＿ ＿＿＿＿＿＿＿.

(2) あなたのお姉さんは早起きができますか。

＿＿＿＿＿＿＿ your sister ＿＿＿＿＿＿＿ up early?

(3) 浩二はドラムを演奏することができます。

Koji ＿＿＿＿＿＿＿ ＿＿＿＿＿＿＿ the drums.

(4) この公園でサッカーをすることはできますか。

＿＿＿＿＿＿＿ we ＿＿＿＿＿＿＿ ＿＿＿＿＿＿＿ in this park?

(5) このお店では CD が買えますか。

＿＿＿＿＿＿＿ we ＿＿＿＿＿＿＿ CDs in this shop?

🔵 語句　early「早く」　shop「店」

重要 **5** 次の日本文を英語にしなさい。(18点)

(1) あなたのお父さんは英語の雑誌が読めますか。

- -

(2) 私はスケートができますが，スキーはできません。

- -

(3) 彼らはここで野球をすることはできません。

- -

🔵 語句　「雑誌」magazine　「ここで」here

ワンポイント
1 (2)「トムはフランス語を上手に話せますか。」とたずねる文にする。
2 応答文の代名詞に注意すること。
5 (3) here は文の最後に置く。

14 窓を開けなさい 〈命令文〉

🎯 重要点をつかもう

1 **Open** the window. — All right. （ポイント❶）

（窓を開けなさい。 — わかりました。）

2 **Don't talk** in the class. （ポイント❷）

（授業中，おしゃべりしてはいけません。）

3 **Please** close the door. （ポイント❸）

（どうかそのドアを閉めてください。）

4 **Let's** play tennis. （ポイント❹）

（テニスをしましょう。）

（ポイント❶） **命令文**…「〜しなさい」，「〜してください」の意味。**動詞の原形**で文を始める。

　　You open the window. → **Open** the window.

（ポイント❷） **禁止の命令文**…〈**Don't＋動詞の原形〜.**〉で「**〜してはいけません。**」の意味。

　　You talk in the class. → **Don't talk** in the class.

（ポイント❸） **ていねいな命令文**…命令文の文頭か文末に **please** をつける。

　　You close the door. → **Please** close the door. / Close the door**, please**.

（ポイント❹） **Let's 〜.** …〈**Let's＋動詞の原形〜.**〉で「**〜しましょう。**」という意味。

　　You play tennis. → Play tennis. → **Let's** play tennis.

Step 1 基本問題

解答▶別冊 19 ページ

1 ［命令文の作り方］次の英文を「〜しなさい」という文に書きかえなさい。

(1) You study English hard.

----

(2) You use this pen.

----

(3) You are quiet here.

🔵 語句　hard「一生懸命に」

G u i d e

 動詞の原形

▶一般動詞なら語尾に s, es をつけない形。is, am, are (be 動詞)の原形は be。

▶ be 動詞の命令文は，
　You are kind.
→ ✕ Be kind.
　「親切にしなさい。」

2 ［Let's ～.］次の絵を見て，例にならって英文を作りなさい。

例	(1)	(2)	(3)	(4)
tennis	baseball	basketball	football	skate

例　Let's play tennis.

(1) _____

(2) _____

(3) _____

(4) _____

🍀語句　football「フットボール」

3　［Don't ～.］次の英文を「～してはいけません」という文に書きかえなさい。

(1) You open the textbook.

_____

(2) You read this story.

_____

(3) You speak fast.

_____

🍀語句　story「物語」

4　［ていねいな命令文］次の英文を「どうか～してください」という文に書きかえなさい。

(1) You play the piano.

_____

(2) You speak slowly.

_____

(3) You come to my house.

_____

🍀語句　slowly「ゆっくりと」

参考　命令文に対する応答

▶命令文に対しては
All right. / O.K. のように答える。
▶ Let's ～. に対しては
Yes, let's. / All right. / O.K. / No, let's not. のように答える。

ひと休み　"What's the magic word?"

▶これは子どものしつけなどの際によく使われる表現で，「please をつけなさい。」という意味。依頼・許可を求める文ではていねいな言い方を求められることも多いので，みなさんもこの magic word を忘れないでおこう。

確認　please のつけ方

▶ please は命令文の文頭に置く場合と文末に置く場合がある。文末の場合は please の前にコンマ (,) を置く。
Sit down, please.

第1章 第2章 第3章 第4章 第5章 第6章 第7章 第8章 第9章 第10章 総仕上げテスト

解答▶別冊 19 ページ

1 次の日本文に合うように，＿＿＿にあてはまる語を下の□から選びなさい。(20点)

(1) この本を読みなさい。

＿＿＿＿＿＿＿ this book.

(2) どうかまた私の家に来てください。

＿＿＿＿＿＿＿ come to my house again.

(3) 今，ピアノをひいてはいけません。

＿＿＿＿＿＿＿ play the piano now.

(4) 彼の歌を聞きましょう。

＿＿＿＿＿＿＿ listen to his song.

(5) 静かにしなさい。

＿＿＿＿＿＿＿ quiet.

Please	Don't	Read	Be	Do	Let's

🎣 語句　again「また」　listen to ～「～を聞く」

2 次の英文を（　）内の指示に従って書きかえなさい。(30点)

(1) You play soccer in the park.　（禁止の命令文に）

----

(2) Tom gets up at seven.　（Tom に呼びかける命令文に）

----

(3) You play the organ.　（ていねいな命令文に）

----

(4) We watch TV after dinner.　（「～しましょう」という意味の文に）

----

(5) We go to the library after school.　（「～しましょう」という意味の文に）

----

(6) You are shy.　（禁止の命令文に）

🎣 語句　shy「恥ずかしがりの」

3 次の日本文に合うように，（　）内の語を並べかえなさい。また，必要に応じて「，」（コンマ）を補うこと。(20点)

(1) 教室で走ってはいけません。

(the, don't, classroom, in, run).

(2) 放課後テニスをしましょう。

(school, play, after, let's, tennis).

(3) どうか私たちのために英語の歌を歌ってください。

(for, an, English, sing, song, please) us.

                                                                                    us.

(4) 健太，毎日一生懸命に英語の勉強をしなさい。

(every, study, English, Kenta, hard) day.

                                                                                    day.

(5) どうか私の宿題を手伝ってください。

Help (please, me, homework, with, my).

Help   .

重要 **4** 次の日本文を英語にしなさい。(30点)

(1) どうかピアノをひいてください。

(2) テニスをしましょう。

(3) 10時に寝(ね)なさい，マイク。

(4) 教室から出て，そしてサッカーをしましょう。

(5) [1人の男の子に向かって]よい子でいなさい。

🍪 語句　「寝る」go to bed　「(時間)に」at　「〜から出る」go out of 〜

★─

ワンポイント　**2** (1)(6) 禁止の命令文は〈Don't＋動詞の原形〜.〉で表す。
(3) ていねいな命令文は please を命令文の文頭か文末につける。
(4)(5) 「〜しましょう。」の文は〈Let's＋動詞の原形〜.〉で表す。

Step ③ 実 力 問 題

1 次の英文の（　）内から適切な語を○で囲みなさい。(10点)

(1) (Can, Does, Is) Tom play the piano very well? — Yes, he can.

(2) (Is, Don't, Does) speak Japanese in the class.

(3) (Can, Does, Please) help me.

(4) (Don't, Do, Can) he ski well?

(5) (Be, Don't, Can) walk fast, Tom.

2 次の日本文の意味に合うように，＿＿＿に適切な語を入れなさい。(20点)

(1) 黒板のあの単語を読むことができますか。

＿＿＿＿＿＿＿ you ＿＿＿＿＿＿＿ that word on the blackboard?

(2) どうか私の話を聞いてください。

Please ＿＿＿＿＿＿＿ ＿＿＿＿＿＿＿ me.

(3) ここからは海が見えます。

We ＿＿＿＿＿＿＿ ＿＿＿＿＿＿＿ the sea from here.

(4) 夕食後にテレビを見ましょう。 — はい，見ましょう。

＿＿＿＿＿＿＿ ＿＿＿＿＿＿＿ TV after dinner.

— Yes, ＿＿＿＿＿＿＿.

3 次の英文を（　）内の指示に従って書きかえなさい。(20点)

(1) You write your telephone number here. （命令文に）

＿＿＿＿＿＿＿＿＿＿＿＿＿＿＿＿＿＿＿＿＿＿＿＿＿＿＿

(2) You are kind to old people. （命令文に）

＿＿＿＿＿＿＿＿＿＿＿＿＿＿＿＿＿＿＿＿＿＿＿＿＿＿＿

(3) We swim in the river. （「〜しましょう」という意味の文に）

＿＿＿＿＿＿＿＿＿＿＿＿＿＿＿＿＿＿＿＿＿＿＿＿＿＿＿

(4) You help me in the kitchen. （「どうか〜してください」という意味の文に）

＿＿＿＿＿＿＿＿＿＿＿＿＿＿＿＿＿＿＿＿＿＿＿＿＿＿＿

(5) She speaks four languages. （「〜できる」という意味の文に）

＿＿＿＿＿＿＿＿＿＿＿＿＿＿＿＿＿＿＿＿＿＿＿＿＿＿＿

重要 **4** 意味が通る英文になるように，次の（　）内の語句を並べかえなさい。(20点)

(1) (very, he, run, can, fast).

----

(2) (cannot, French, sister, speak, your).

----

(3) (here, the, play, violin, don't).

----

(4) (go, the park, let's, to).

----

5 次の絵の中の英文の（　）内にあてはまる最も適切な語を書きなさい。(15点)

| (1) Can Mr.Yamada write a letter in English? No, ⓐ ⓑ. | (2) ⓐ go to the library. No, let's ⓑ. I am busy. | (3) ⓐ you and Bob play the violin? Yes, ⓑ can. | (4) Mike, stand up, (　). O.K. | (5) It is hot in this room. Please (　) the window. |

(1) ⓐ _____ ⓑ _____

(2) ⓐ _____ ⓑ _____

(3) ⓐ _____ ⓑ _____

(4) _____

(5) _____

6 次のようなとき，英語で何と言えばよいか書きなさい。(15点)

(1) ここから富士山を見ることができるかをたずねるとき。

----

(2) このペンを使ってはいけないと言うとき。

----

(3) 私は英語でスピーチをすることができると言うとき。

🐾 語句　telephone number「電話番号」　「富士山」Mt. Fuji　「スピーチをする」make a speech

15 何を持っていますか

〈What, Which, Who〉

重要点をつかもう

1 **What** do you have in your hand? — I have a CD. 〈ポイント❶〉

（あなたは手に**何を**持っていますか。 — CD を持っています。）

2 **What color** is your car? — It's red. 〈ポイント❷〉

（あなたの車は**何色**ですか。 — 赤です。）

3 **Which book** is yours? — This is mine. 〈ポイント❷〉

（**どの本**があなたのですか。 — これが私のです。）

4 **Who** teaches English? — Mr. Yamada does. 〈ポイント❸〉

（**だれが**英語を教えますか。 — 山田先生です。）

一般動詞を使った疑問詞のある疑問文や，〈疑問詞＋名詞〉の表現を覚える。

〈ポイント❶〉 〈**What**＋一般動詞の疑問文〜?〉＝「**何を**〜しますか。」

〈ポイント❷〉 〈**What＋名詞**＋be 動詞の疑問文〜?〉＝「**何の**〔**どんな**〕…が〜ですか。」

　　　　　〈**What＋名詞**＋一般動詞の疑問文〜?〉＝「**何の**〔**どんな**〕…を〜しますか。」

　　　　　〈**Which＋名詞**＋be 動詞の疑問文〜?〉＝「**どの，どちらの**…が〜ですか。」

　　　　　〈**Which＋名詞**＋一般動詞の疑問文〜?〉＝「**どの，どちらの**…を〜しますか。」

〈ポイント❸〉 〈**Who**＋一般動詞〜?〉＝「**だれが**〜しますか。」 ※肯定文の語順

Step 1 基本問題

解答▶別冊 21 ページ

G u i d e

1 [What, Which, Who で始まる文] 次の_____に適切な語を入れなさい。

(1) ＿＿＿＿＿＿＿ is he? — He is Mr. Smith.

(2) ＿＿＿＿＿＿＿ color are his eyes? — They are blue.

(3) ＿＿＿＿＿＿＿ language do you study, English or French?

　— I study English.

(4) ＿＿＿＿＿＿＿ sport do you like? — I like soccer.

(5) ＿＿＿＿＿＿＿ is your sister? — Megumi is.

(6) ＿＿＿＿＿＿＿ speaks Spanish? — George does.

 What で始まる文

▶ be 動詞を使った疑問詞のある疑問文(→ p.24) も一般動詞を使った文も，疑問詞の後ろは疑問文の語順になるのが基本。

語句　blue「青い」 Spanish「スペイン語」

2 ［Who で始まる文］ 次の絵を見て，例にならって英文を作りなさい。

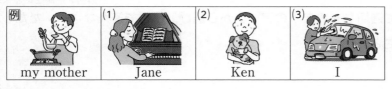

例	(1)	(2)	(3)
my mother	Jane	Ken	I

例　Who cooks? — My mother does.

(1) _____

(2) _____

(3) _____

3 ［What, Who で始まる文］ 次の英文の下線部が答えの中心となる疑問文を作りなさい。

(1) These are birds.

_____

(2) Mike likes soccer.

_____

(3) I have a phone in my hand.

_____

🍴 語句　in my hand 「私の手に」

4 ［Which で始まる文］ 次の日本文に合うように，（　）内の語を並べかえなさい。

(1) どちらがあなたの本ですか。　（your, which, is）book?

_____ book?

(2) どちらの車がアンのですか。　（is, which, car）Ann's?

_____ Ann's?

(3) どちらの男の子があなたの弟ですか。

（your, which, brother, boy, is）?

_____

くわしく　Who に続く動詞

▶「だれが」の意味の Who は 3 人称単数扱いになるので，Who を主語にした一般動詞の疑問文の場合，Who のあとの動詞には s や es がつく。
Who plays tennis?

確認　What で始まる疑問文の作り方

▶次のように考えると分かりやすい。
①まず，ふつうの疑問文の形を作る。
②次に，たずねたい所を What に置きかえて前に持ってくる。
「あなたは何が好きですか。」なら，
Do you like [　]?
What do you like?

参考　Which の 2 つの意味

▶Which には「どちらが…」と「どちらの〜が…」の 2 つの使い方がある。
Which is your dog?
Which dog is yours?

第1章
第2章
第3章
第4章
第5章
第6章
第7章
第8章
第9章
第10章
総仕上げテスト

Step 2 標準問題

時間	合格点	得点
40分	70点	点

解答▶別冊 21 ページ

1 次の疑問文の答えとして適切なものを下の**ア**〜**ク**から選び，記号で答えなさい。ただし，同じものを 2 度使わないこと。(25点)

(1) Which bike is Mike's?　　　　　　　　　　　　　　　（　　　）

(2) What music do you like?　　　　　　　　　　　　　（　　　）

(3) Who washes the car?　　　　　　　　　　　　　　　（　　　）

(4) Who is your math teacher?　　　　　　　　　　　　（　　　）

(5) What do you play?　　　　　　　　　　　　　　　　（　　　）

　ア I play the violin.　　**イ** Ken and Keiko do.

　ウ Yes, we do.　　　　　**エ** He is Tom's brother.

　オ Mr. Yamamoto is.　　**カ** This is his.

　キ I like jazz.　　　　　**ク** Mr. Sato plays it.

2 次の絵を見て，例にならって質問文に答えなさい。(20点)

例	(1)	(2)	(3)	(4)
Keiko	red	Mr. Suzuki	a letter	Ken

例　Who is this girl? — She is Keiko.

(1) What color is your umbrella?

----

(2) Who teaches math?

----

(3) What does she have in her hands?

----

(4) Who is this boy?

🔎 語句　red「赤い」 umbrella「かさ」

第1章

第2章

第3章

第4章

第5章

第6章

第7章

第8章

第9章

第10章

総仕上げテスト

3 次の英文の下線部が答えの中心となる疑問文を作りなさい。(25点)

(1) My bike is <u>red</u>.

(2) <u>Ms. Sato</u> is our homeroom teacher.

(3) <u>This dictionary</u> is mine.

(4) <u>My mother</u> cleans my room.

(5) Mike <u>watches TV</u> after dinner.

語句 homeroom teacher「担任の先生」

4 次の日本文を英語にしなさい。(30点)

(1) あなたのかばんの中に何が入っていますか。

(2) どちらの女の子がジェーンですか。― あの背の高い女の子です。

(3) あなたはどちらの車が欲しいですか。― 赤い車が欲しいです。

(4) だれがあなたのお母さんの手伝いをするのですか。― 美香(Mika)です。

(5) あなたは放課後に何をしますか。― テニスをします。

(6) あの女の子たちはだれですか。― 私の友人です。

語句 「あなたのかばんの中に」in your bag

★ ─ ★ ─ ★ ─ ★ ─ ★ ─ ★ ─ ★ ─ ★ ─ ★ ─ ★ ─ ★ ─ ★ ─ ★ ─ ★ ─ ★ ─ ★ ─ ★ ─ ★

ワンポイント

3 (3)「だれが車を洗うのですか。」
4 (1)「かばんの中に入っている」＝「かばんの中に持っている」と考える。
(3)目の前にある車について話しているので the red car を使って答える。(4)「～を手伝う」help

16 どこにいますか

〈Where, When, How〉

 重要点をつかもう

1 **Where** do you live? ＜ポイント❶

（あなたは**どこに**住んでいますか。）

2 **Where** is Jane? — She is in the kitchen. ＜ポイント❶

（ジェーンは**どこに**いますか。 — 彼女は台所にいます。）

3 **When** do you play baseball? ＜ポイント❷

（あなたは**いつ**野球をするのですか。）

4 **When** is your birthday? ＜ポイント❷

（あなたの誕生日は**いつ**ですか。）

5 **How** do you go to school? — I go to school by bus. ＜ポイント❸

（あなたは**どのようにして**学校へ行くのですか。 — バスで行きます。）

＜ポイント❶ **Where「どこに〔で〕」**…**場所**をたずねる。

＜ポイント❷ **When「いつ」**…**時**をたずねる。

＜ポイント❸ **How「どのようにして，どのくらい」**…**手段・方法・程度**をたずねる。また〈**How＋形容詞～?**〉の形でたずねる定型の表現も多い。

Step 1 基本問題

解答▶別冊 22 ページ

1 [Where で始まる文] 次の英文の下線部が答えの中心となる疑問文を作りなさい。

(1) Lucy's pencil is <u>on my desk</u>.

----

(2) Tom lives <u>in England</u>.

----

(3) He is <u>in the library</u>.

----

(4) Aya's dog runs <u>in the park</u> every day.

語句 England「イングランド」

 Guide

参考 存在を表す be 動詞

▶ be 動詞には「いる，ある」という存在を表す意味もある。「いる，ある」の意味になるときは，be 動詞のあとに場所を表す語句がくる。
I am <u>in my room</u>.

2 ［When で始まる文］次の絵を見て，例にならって英文を作りなさい。

例	(1)	(2)	(3)
you (in summer)	Mary (after school)	Tom (after dinner)	your sister (in the afternoon)

例　When do you swim? — I swim in summer.

(1) _____

　　 _____

(2) _____

　　 _____

(3) _____

　　 _____

3 ［How で始まる文］次の日本文に合うように，_____ に適切な語を入れなさい。

(1) あなたはどのようにしてフランス語を学びますか。

　　 _____ do you learn French?

(2) 彼はどのようにして会社へ行くのですか。

　　 _____ _____ he go to the office?

(3) ［(2)の答えとして］電車でです。

　　 _____ train.

🔶 語句　office「会社」　train「電車」

4 ［How＋形容詞で始まる文］次の英文を日本語にしなさい。

(1) How many dogs do you have?

　　（　　　　　　　　　　　　　　　　　　　　　　　）

(2) How old is your mother?

　　（　　　　　　　　　　　　　　　　　　　　　　　）

(3) How tall are you?

　　（　　　　　　　　　　　　　　　　　　　　　　　）

注意　When 〜? に対する応答文

▶ When 〜? は時をたずねる文なので，必ず in summer, after school のような時を表す語句を使って答える。
When do you study English?
— I study English after dinner.
「あなたはいつ英語を勉強しますか。」
「私は夕食後に英語を勉強します。」

参考　How＋形容詞

▶〈How＋形容詞〉で次のようなことをたずねる。しっかり覚えよう。
・How old 〜?〔年齢〕
・How tall 〜?〔身長〕
・How many 〜?〔数〕
・How long 〜?〔長さ〕
・How big 〜?〔大きさ〕

くわしく　How many

▶数をたずねる How many 〜? の表現では，How many のあとには名詞の複数形がくる。〈How many＋名詞の複数形〜?〉の形で覚えよう。

1 次の対話文の（　）にあてはまる最も適切な語句を下のア～エから選び，記号で答えなさい。

(20点)

(1) A:（　　　） does the winter vacation begin?

B: It begins in December.

ア How　イ Where　ウ How long　エ When

(2) A:（　　　） is Mr. Smith?

B: He is in the library.

ア When　イ Where　ウ How old　エ Which

(3) A: How（　　　） brothers do you have?

B: I have two brothers.

ア old　イ tall　ウ long　エ many

(4) A:（　　　） do you read books?

B: I read them in my room.

ア When　イ Where　ウ How many　エ What

語句　begin「始まる」　December「12月」

2 次の英文の下線部が答えの中心となる疑問文を作りなさい。(25点)

(1) We have lunch <u>in the classroom</u>.

(2) We play football <u>in winter</u>.

(3) It〔= Tom's racket〕is <u>in his room</u>.

(4) She goes to school <u>by bike</u>.

(5) I live <u>in Kyoto</u>.

語句　have lunch「昼食を食べる」

3 次の日本文に合うように，（　）内の語を並べかえなさい。ただし，不要な語が1語含まれています。(20点)

(1) あなたのお姉さんの身長はどのくらいですか。

（sister, tall, is, high, how, your）?

(2) あなたのお母さんはどこで野菜を買いますか。

（vegetables, where, mother, does, buy, your, at）?

(3) マイクの教室はどこにありますか。

（Mike's, where, does, classroom, is）?

(4) このプールの長さはどのくらいですか。

（tall, is, pool, how, this, long）?

語句　high「高い」　vegetable「野菜」　pool「プール」

4 次の日本文を英語にしなさい。**数字も英語で書くこと。**(35点)

(1) あなたの学校はどこにありますか。— 丘の上にあります。

(2) 彼は何歳ですか。—15歳です。

(3) 彼はいつ読書をするのですか。—夕食後です。

(4) 花子(Hanako)の家はどこにありますか。— 私の家の近くです。

(5) あなたの誕生日はいつですか。—11月3日です。

語句　「〜の近くに」near　「誕生日」birthday

ワンポイント　**2** (1)(3)(5)「場所」，(2)「時」，(4)「手段」をたずねる文を書く。
　　　　　　4 日本文から疑問詞を考える。

Step 3 実 力 問 題

重要 **1** 次の英文の下線部が答えの中心となる疑問文を作りなさい。(30点)

(1) The white dog is mine.

(2) I play baseball after school.

(3) She〔= My mother〕watches TV after lunch.

(4) It〔= The camera〕is on the piano.

(5) It〔= The lesson〕is fifty minutes long.

(6) I have only one child.

記述式 **2** 次の絵とセリフを見て，下の問いに主語と動詞のある文で答えなさい。数字も英語で書くこと。(20点)

> ぼくはマイク・デイビス(Mike Davis)です。
> ぼくは 15 歳です。ぼくの誕生日は 10 月 10 日です。
> ぼくには 2 人の兄弟がいます。
> ぼくの好きなスポーツは野球です。

(1) How old is Mike?

(2) When is Mike's birthday?

(3) How many brothers does Mike have?

(4) What sport does Mike like?

3 次の_____に適切な語を入れて，対話文を完成しなさい。(30 点)

(1) *A :* _____ _____ is your brother?

　　B : He is five feet three inches tall.

(2) *A :* _____ bike is that?

　　B : It is Jack's.

(3) *A :* _____ _____ _____ do you have?

　　B : I have three dogs.

(4) *A :* _____ do you play soccer with your friends?

　　B : I play it with them after school.

(5) *A :* _____ kind of _____ does Mike like?

　　B : He likes tulips.

(6) *A :* _____ _____ is your car?

　　B : It is white.

4 次の対話文を読んで，問いに答えなさい。(20 点)

Paul : I'm very popular.

Mary : _____ ?

Paul : You can see me in the zoo.

Mary : Can you do any tricks?

Paul : No, I can't. I sleep during the day. The mother has a baby on her back. Who am I?

Mary : You are (　　　　).

注 popular「人気がある」 trick「芸」 during the day「昼間」 back「背中」

(1) 対話が自然に進むように，下線部に適切な疑問文を書きなさい。(7 点)

(2) Paul と Mary はどんな遊びをしているのか答えなさい。(7 点)

　　(　　　　　　　　　　　　　　　　　　　　　　　　　　　　　　　　　)

(3) (　)には次の**ア〜エ**のどれが入るか，記号で答えなさい。(6 点)　　　　(　　　)

　　ア a dog　　**イ** a kangaroo　　**ウ** a koala　　**エ** a cat

🎮 語句　lesson「授業」 feet「フィート(長さの単位)」 inch「インチ(長さの単位)」 kind of〜「〜の種類」

会 話 表 現 ❶

解答▶別冊 24 ページ

1 次の対話文の（　）にあてはまる最も適切な英文を下のア〜エから選び，記号で答えなさい。

(15 点)

(1) *A* : Hi, I'm Alex White.

　 B : Hi, I'm Takeda Minami.

　 A : (　　　　)

　 B : Nice to meet you, too.

　 ア　Have a nice day.　　　　　　　　**イ**　I have a nice time.

　 ウ　You're nice.　　　　　　　　　　**エ**　Nice to meet you.

(2) *A* : (　　　　) Are you Mr. Brown?

　 B : No, I'm not. That man is Mr. Brown.

　 ア　Be quiet.　　　　　　　　　　　**イ**　Excuse me.

　 ウ　I know that man.　　　　　　　　**エ**　Sounds good.

(3) *A* : Don't talk in the library, Kate.

　 B : (　　　　)

　 ア　I'm sorry.　　　　　　　　　　　**イ**　Thank you.

　 ウ　See you.　　　　　　　　　　　　**エ**　Talk to me.

2 次の＿＿＿に適切な語を入れて，対話文を完成しなさい。(20 点)

(1) *A* : ＿＿＿＿＿＿＿＿＿＿＿＿＿＿＿ you today?

　 B : I'm fine, thank you.

(2) *A* : Goodbye, Mark.

　 B : ＿＿＿＿＿＿＿＿ you tomorrow.

(3) *A* : You're always kind to me. Thanks.

　 B : You're ＿＿＿＿＿＿＿＿.

(4) *A* : Thank you very ＿＿＿＿＿＿＿＿.

　 B : No problem.

🔊 語句　fine「元気な」　tomorrow「明日」

3 次の日本文に合うように，＿＿＿に適切な語を入れなさい。(20点)

(1) おはようございます。

Good ＿＿＿＿＿＿＿＿.

(2) こんにちは。

Good ＿＿＿＿＿＿＿＿.

(3) こんばんは。

Good ＿＿＿＿＿＿＿＿.

(4) おやすみなさい。

Good ＿＿＿＿＿＿＿＿.

4 次の英文を日本語にしなさい。(24点)

(1) This is your bike, right?

＿＿＿＿＿＿＿＿＿＿＿＿＿＿＿＿＿＿＿＿＿＿＿＿＿＿＿

(2) Thank you for a nice message.

＿＿＿＿＿＿＿＿＿＿＿＿＿＿＿＿＿＿＿＿＿＿＿＿＿＿＿

(3) Nice to meet you.

＿＿＿＿＿＿＿＿＿＿＿＿＿＿＿＿＿＿＿＿＿＿＿＿＿＿＿

(4) Goodbye.

＿＿＿＿＿＿＿＿＿＿＿＿＿＿＿＿＿＿＿＿＿＿＿＿＿＿＿

語句　bike「自転車」　message「メッセージ」

5 次の日本文に合うように，(　　　)内の語を並べかえなさい。必要に応じて「，」(コンマ)を補うこと。(21点)

(1) すみませんが，私は行けません。(go, I, I'm, can't, but, sorry).

＿＿＿＿＿＿＿＿＿＿＿＿＿＿＿＿＿＿＿＿＿＿＿＿＿＿＿

(2) すみませんが，駅はどこですか。(is, the, but, where, excuse, me, station)?

＿＿＿＿＿＿＿＿＿＿＿＿＿＿＿＿＿＿＿＿＿＿＿＿＿＿＿

(3) あなたはマークを知っていますよね。(you, Mark, know, right)?

＿＿＿＿＿＿＿＿＿＿＿＿＿＿＿＿＿＿＿＿＿＿＿＿＿＿＿

語句　station「駅」

17 何 冊 か の 本　〈some, any, the, 形容詞②〉

━━━ 重要点をつかもう ━━━

1 The weather is **nice** today. 〈ポイント❶〉

（今日は天気が**いい**。）

2 I have **some** books in my hands. 〈ポイント❷〉

（私は手に**何冊か**の本を持っています。）

3 Do you have **any** sisters? — No, I **don't** have **any** sisters. 〈ポイント❷〉

（あなたには**何人か**の姉妹がいますか。— いいえ，私には**1人も**姉妹は**いません**。）

4 Please open **the** window. 〈ポイント❸〉

（どうぞ**窓**を開けてください。）

〈ポイント❶〉 **〈A＋be 動詞＋形容詞〉** … A＝形容詞。人やものの性質や状態を表して名詞を修飾する
語を形容詞という。〈形容詞＋名詞〉の形でも使う。（→ p.18）

〈ポイント❷〉 **some, any「いくらかの，いくつかの」**…漠然とした複数を表す。

　　肯定文で使う→ **some**

　　疑問文・否定文で使う→ **any**　　　※ not ～ any →「1つ〔1人〕も～ない」

〈ポイント❸〉 **the「その」**…名詞の前に置いて，**前に出てきた名詞**を指したり，**ある特定のもの**を指し
たりするときに使う。常に日本語に訳す必要はない。

Step 1 基本問題

解答▶別冊 25 ページ

1 ［形容詞の位置］例にならって，（　）内の語を入れる位置を∧
で示しなさい。

例　I have a ∧bike.（white）

(1) This is my computer.（old）

(2) Mike and Jane are students.（good）

(3) The cat is cute.（small）

(4) This is a picture.（beautiful）

(5) Mike's shoes are very nice.（new）

Guide

 形容詞の前の a, an

▶〈形容詞＋名詞〉で名詞が単
数のとき，a や an は形容詞
の前に置いて，〈a, an＋形
容詞＋名詞〉の語順にする。
a black cat「黒いねこ」
an old clock
　　　　　「古い置き時計」

2 [some, any, the] 次の英文の（ ）内から適切な語を○で囲みなさい。

(1) Do you have (a, some, any) sisters?

(2) This is a park. (The, An, It) park is very big.

(3) We have (some, a, an) English test today.

(4) Don't sit on (a, the, some) floor. It's dirty.

(5) Where's Jack?

    — He is in (a, the, any) kitchen.

語句　test「テスト」　floor「床」　dirty「汚い」

3 [some と any] 次の絵を見て，例にならって疑問文とその答えの英文を作りなさい。

例　Do you have any brothers?

    — Yes, I do. I have some brothers.

       No, I don't. I don't have any brothers.

(1) _____

    _____

    _____

(2) _____

    _____

    _____

(3) _____

    _____

    _____

語句　「10円玉」ten-yen coin

 確認　the の意味

▶ the は，話している人々が互いに何を指しているかわかっている**名詞**につける。

　例えば Please close the door.「ドアを閉めてください。」の the door は，話している人々にはどのドアかわかっている。Please close a door. とすると，「どこのドアでもいいから1つ閉めてください。」という意味になってしまう。

くわしく　名詞を修飾する語の順番

▶ 2つ以上の語(a や an, the や形容詞など)が名詞を修飾するときは
①所有格，a〔an〕や the
②数・量
③主観的な判断(nice など)
④大小
⑤年齢や新旧
⑥色
⑦材料など
の順番に並べる。そのため，「私の2つの新しい赤いかばん」は my two new red bags となる。

🗨 重要 **1**　　次の英文の（　）内から適切な語を○で囲みなさい。(24点)

(1) I have (a, an, the) dog and (a, an, the) cat. (A, An, The) dog is young. (A, An, The) cat is old.

(2) We have some lilies in (an, the) garden.

(3) This is (a, an, the) nice room, but I don't like (a, an, the) color of (a, an, the) wall.

(4) We live in (a, an, the) old house near (an, the) station. It is two miles from my school.

🐚 語句　young「若い」　wall「壁（かべ）」　mile「マイル（距離の単位）」

🗨 重要 **2**　　次の英文を（　）内の指示に従って書きかえなさい。(18点)

(1) This is a tall building. （「この建物は高い」という文に）

　　---

(2) Yes, I do. I have some English newspapers. （左のように答える疑問文に）

　　---

(3) I have a picture. （interesting を入れて）

🗨 重要 **3**　　次の各組の英文がほぼ同じ意味になるように＿＿に適切な語を入れなさい。(18点)

(1) Tom and Mary aren't young.

　　= Tom and Mary are _____.

(2) This book is easy.

　　= This is _____ _____ book.

(3) She plays tennis well.

　　= She is _____ _____ tennis player.

🐚 語句　easy「簡単な」

4 次の日本文に合うように，（ ）内の語を並べかえなさい。2文になるときは「.」（ピリオド）を補うこと。ただし，不要な語が1語含まれています。(20点)

(1) 彼女はかばんに教科書を1冊も入れていません。

(her, she, not, bag, does, some, in, textbooks, have, any).

_____

(2) 私はラジオを持っています。それは古いラジオです。

(have, the, radio, I, it, a, an, radio, is, old).

_____

(3) 彼女は自転車を持っています。その自転車は新しい。

(a, new, she, bike, the, bike, is, has, it).

_____

(4) あの背の高い婦人は私の先生です。とても親切です。

(teacher, kind, tall, very, that, she, lady, a, my, is, is).

_____

5 次の日本文を英語にしなさい。(20点)

(1) あなたはアメリカに友だちがいますか。

_____

(2) 私は犬を1匹，ねこを2匹飼っています。犬は茶色で，ねこは白色です。

_____

(3) 母は古い腕時計を持っています。これがその時計です。

_____

(4) これはよいかばんです。でも色が気に入りません。

_____

🝰 語句 「～が気に入らない」 I don't like ～.

★─★

ワンポイント

1 (1) 2回目に出てくる dog と cat の前には何が入るか。

(3) wall（壁）は「その部屋の壁」であり，color も「その部屋の壁の色」である。

(4) station（駅）は，話者どうしがどこの駅のことかわかっている。

2 (1) This building で始める。

5 (1)「アメリカに何人か友だちがいますか」とする。

(2) 犬，ねことも前に一度出てきて，あとでもう一度述べられている。

18 何時に起きますか

〈副詞，時の表現〉

重要点をつかもう

1 My mother gets up **very early**. ポイント❶

（母はとても早く起きます。）

2 I **often** study in the library. ポイント❶ ポイント❷

（私はしばしば図書館で勉強します。）

3 **What time** do you get up? — I get up **at six**. ポイント❸

（あなたは**何時に**起きますか。— 私は**6時**に起きます。）

4 **What time is it** now? — **It is** ten o'clock. ポイント❸

（今，**何時**ですか。— 10時です。）

ポイント❶ **副詞**…動詞・形容詞・ほかの副詞を修飾する。

ポイント❷ **頻度を表す副詞**…**一般動詞の前**か **be 動詞の後ろ**に置くことが多い。

always「いつも」，**usually**「たいてい，ふつう」，**often**「しばしば」，

sometimes「ときどき」　など

ポイント❸ **What time** ～?…**時刻**をたずねる表現。時刻を表すときは it を主語にする。

Step 1 基本問題

解答▶別冊 27 ページ

1 ［副詞の位置］例にならって，（　）内の語句を入れる位置を∧で示しなさい。

例　I am ∧hungry . （very）

(1) I play soccer after school . （usually）

(2) I like baseball . （very much）

(3) My sister can skate . （well）

(4) I listen to the radio . （sometimes）

(5) That shop is open . （always）

語句　open「開いている」

Guide

 頻度の高さ

▶頻度を表す語は，sometimes（約50％）< often < usually < always（100％）の順に頻度が高い。

 頻度を表す副詞の位置

▶ always や usually などの頻度を表す副詞は，ふつう一般動詞の前か be 動詞の後ろに置く。

2 [時，場所などの表現] 次の英文の（　）内から適切な語を○で囲みなさい。

(1) I get up (at, in, on) six.

(2) I have lunch (at, in, on) noon.

(3) What does he do (at, in, on) Sunday?

(4) It's very cold (by, on, in) winter.

(5) What do you do (by, on, in) the evening?

(6) I go to school (at, by, on) bike.

(7) I study English (at, in, on) school.

(8) It's very hot (at, in, on) August.

(9) We speak English and French (at, in, on) Canada.

(10) I go to work (by, on, in) train.

🍴 語句　work「仕事」

3 [What time ～?] 次の絵を見て，例にならって英文を作りなさい。

例　What time do you get up? ― I get up at six.

(1) _____

_____

(2) _____

_____

(3) _____

_____

(4) _____

_____

 参考　前置詞＋名詞

▶ at, in, on, by などの前置詞を使って時や場所などを表す。

①季節，月，曜日
・in spring「春に」
・in May「5 月に」
・on Sunday「日曜日に」

②一日の時間帯
・in the morning　　　　　　「午前中に」
・in the afternoon　　　　　　「午後に」
・at night「夜に」

③時　刻
・at five「5 時に」
・at noon「正午に」

④交通手段
・by car「車で」
・by train「列車で」

⑤場　所
・at home「家で」
・at school「学校で」
・in America「アメリカで」

 注意　交通手段の表し方

▶交通手段を表すときは by car, by train のように〈by＋乗り物名〉とし，a, an や the はつかない。

 くわしく　日付・曜日のたずね方

What is the date today?「今日は何月何日ですか。」
What day is (it) today?「今日は何曜日ですか。」

時間	合格点	得点
40分	70点	点

【　　月　　日】

解答▶別冊 27 ページ

重要 **1** 次の各組の英文がほぼ同じ意味になるように，＿＿＿に適切な語を入れなさい。(16点)

(1) He is a very fast runner.

　= He runs ＿＿＿＿＿＿＿＿＿＿ ＿＿＿＿＿＿＿＿＿＿ .

(2) She is a good pianist.

　= She ＿＿＿＿＿＿＿ the piano ＿＿＿＿＿＿＿ .

(3) Tom is a very good tennis player.

　= Tom ＿＿＿＿＿＿＿ tennis ＿＿＿＿＿＿＿＿＿ .

(4) Taro ＿＿＿＿＿＿＿ a good English speaker.

　= Taro ＿＿＿＿＿＿＿ English ＿＿＿＿＿＿ .

2 次の絵を見て，例にならって英文を作りなさい。(12点)

例	(1)	(2)	(3)
we, often	Ken, usually	Jane, sometimes	this shop, always

例　We often play tennis.

(1) ＿＿＿＿＿＿＿＿＿＿＿＿＿＿＿＿＿＿＿＿＿＿＿＿＿＿＿＿＿＿＿＿＿＿＿＿＿＿

(2) ＿＿＿＿＿＿＿＿＿＿＿＿＿＿＿＿＿＿＿＿＿＿＿＿＿＿＿＿＿＿＿＿＿＿＿＿＿＿

(3) ＿＿＿＿＿＿＿＿＿＿＿＿＿＿＿＿＿＿＿＿＿＿＿＿＿＿＿＿＿＿＿＿＿＿＿＿＿＿

3 次の英文の(　)内の語を並べかえなさい。(20点)

(1) Ken can (very, soccer, play, well).

　Ken can ＿＿＿＿＿＿＿＿＿＿＿＿＿＿＿＿＿＿＿＿＿＿＿＿＿＿＿＿ .

(2) I know (man, well, that, very).

　I know ＿＿＿＿＿＿＿＿＿＿＿＿＿＿＿＿＿＿＿＿＿＿＿＿＿＿＿＿ .

86

(3) She loves (cats, much, these, very).

She loves _____.

(4) What time (usually, Mike, home, does, come)?

What time _____?

🗨 語句　know ~ well「～をよく知っている」

重要 **4** 次の英文を（　）内の指示に従って書きかえなさい。(24点)

(1) I study in the library every day.　（every day を「ときどき」にかえて）

_____

(2) They play football <u>in winter</u>.　（下線部が答えの中心となる疑問文に）

_____

(3) It is <u>October 21</u> today.　（下線部が答えの中心となる疑問文に）

_____

(4) My English class begins <u>at eight thirty</u>.　（下線部が答えの中心となる疑問文に）

_____

🗨 語句　October「10 月」

5 次のようなとき，どのように言えばよいですか。英語で答えなさい。(28点)

(1) 自分の父がふだん 11 時に寝ると言うとき。

_____

(2) 放課後に公園で野球をしようと相手をさそうとき。

_____

(3) 何時に学校に来るかと相手にたずねるとき。

_____

(4) 日曜日に何をするかと相手にたずねるとき。

_____

ワンポイント

1 (1) fast には「速い」と「速く」の 2 つの意味がある。
　　 (4) good English speaker「上手な英語の話し手」＝「上手に英語を話す」と考える。
3 (1)(2) well には「上手に」と「よく」の 2 つの意味がある。
5 (2) 時を表す「放課後」と場所を表す「公園で」では，場所を表すほうを先に置く。

【　　月　　日】

Step 3 実力問題

時間 40分　合格点 75点　得点 点

解答▶別冊 28 ページ

1 次の英文の＿＿＿に適切な語を入れなさい。(10点)

(1) We have a lot of snow ＿＿＿＿＿＿ February.

(2) ＿＿＿＿＿＿ ＿＿＿＿＿＿ is it today? — It is Tuesday.

(3) ＿＿＿＿＿＿ do you do ＿＿＿＿＿＿ Sunday?

   — I always go out with my friends.

(4) What time ＿＿＿＿＿＿ ＿＿＿＿＿＿?

   — It is one fifteen by my watch.

(5) ＿＿＿＿＿＿ do you usually practice the piano?

   — I practice it after dinner.

語句　practice「練習する」

2 次の英文には誤りがあります。誤りを正して全文を書き直しなさい。(15点)

(1) I don't have some friends in England.

＿＿＿＿＿＿＿＿＿＿＿＿＿＿＿＿＿＿＿＿＿＿＿＿＿

(2) Mr. Yamada is late for always the meeting.

＿＿＿＿＿＿＿＿＿＿＿＿＿＿＿＿＿＿＿＿＿＿＿＿＿

(3) I have a cat. A cat is white.

＿＿＿＿＿＿＿＿＿＿＿＿＿＿＿＿＿＿＿＿＿＿＿＿＿

(4) Tomoko speaks English very good.

＿＿＿＿＿＿＿＿＿＿＿＿＿＿＿＿＿＿＿＿＿＿＿＿＿

(5) How time do you usually have lunch? — I have lunch at eleven.

＿＿＿＿＿＿＿＿＿＿＿＿＿＿＿＿＿＿＿＿＿＿＿＿＿

重要 3 次の英文の（　）内の語を並べかえなさい。ただし，1 語不足しているので補うこと。(20点)

(1) (long, the, are, days) summer.

＿＿＿＿＿＿＿＿＿＿＿＿＿＿＿＿＿＿＿＿ summer.

(2) (rain, a, have, June, we, of, lot).

＿＿＿＿＿＿＿＿＿＿＿＿＿＿＿＿＿＿＿＿＿＿＿＿＿

(3) (what, your, by, is, watch, time)?

＿＿＿＿＿＿＿＿＿＿＿＿＿＿＿＿＿＿＿＿＿＿＿＿＿

(4) (cold, is, August, it, in) Australia?

.... Australia?

(5) (usually, have, breakfast, do, you, what)?

....

記述式 **4** 次の表は中学生の綾子の日常生活についてまとめたものである。これを見て下の英文を完成させなさい。（35点）

朝6：30　起床	夜7：00　夕食
朝7：00　朝食	夕食後　宿題をする
朝7：30　登校…たいてい歩いて行く	夜10：00　土曜日にはテレビを見る
放課後　ときどき友だちとテニスをする	夜11：00　就寝

I'm Ayako. I (1) .... at six thirty. I have breakfast at seven.

I leave home at seven thirty. I (2) .... school.

After school, I (3) ....

I have dinner at seven. I (4) ....

I (5) .... Saturday. I go to bed at eleven.

5 次の日本文を英語にしなさい。数字も英語で書くこと。（20点）

(1) 美紀(Miki)は彼女の家で犬を飼っていますか。

....

(2) あなたは毎日，何時に下校しますか。

....

(3) 11月は30日あります。

....

(4) 彼らはアメリカで7月4日に何をするのですか。

....

🔊 語句　a lot of ～「たくさんの～」　late「遅刻の」　meeting「会議」「下校する」leave school

19 今ピアノをひいています 〈現在進行形〉

重要点をつかもう

1 She **is playing** the piano now. 〈ポイント❶〉

（彼女は今ピアノをひいています。）

2 **Are** you **doing** your homework? 〈ポイント❷〉

— Yes, I **am**. / No, I **am not**.

（あなたは宿題をしているのですか。— はい，しています。 / いいえ，していません。）

3 I am **not** watching TV. 〈ポイント❷〉

（私はテレビを見ていません。）

4 **Where** are you studying? — I'm studying in my room. 〈ポイント❸〉

（あなたはどこで勉強しているのですか。— 私の部屋でしています。）

〈ポイント❶〉 **現在進行形**…〈**A**＋be 動詞＋～ing〉の形で「**A は〔が〕～しています，～しているところ
です**」という現在進行中の動作を表す。be 動詞は **A**（＝主語）に応じて使い分ける。

〈ポイント❷〉 **疑問文と否定文**… be 動詞を使った疑問文・否定文と同じ作り方。

疑問文 〈**be 動詞＋A＋～ing …?**〉「**A は〔が〕～していますか，～しているところですか**」→応
答文も be 動詞で答える。

否定文 〈**A＋be 動詞＋not＋～ing …** 〉「**A は〔が〕～していません**」

〈ポイント❸〉 **疑問詞を使った疑問文**…〈疑問詞＋be 動詞＋**A**＋～ing …?〉
疑問詞を文頭に置く。答えるときも現在進行形の文で答える。

Step 1 基本問題

解答▶別冊 29 ページ

1 ［～ing 形］次の動詞を～ing の形にしなさい。

(1) walk _____ (2) wash _____

(3) study _____ (4) make _____

(5) write _____ (6) sit _____

(7) call _____ (8) smile _____

(9) begin _____ (10) cry _____

語句 smile「ほほえむ」 begin「始まる」 cry「泣く」

Guide

確認 ～ing 形の作り方

①ふつうは動詞の語尾に ing
をつける。
walk — walking
sing — singing
go — going
find — finding
sleep — sleeping

2 [be 動詞＋〜ing] 次の絵を見て，例にならって英文を作りなさい。

例	(1)	(2)	(3)
I	Mary	Ann	Bob and Jane

例　I am swimming now.

(1) _____

(2) _____

(3) _____

🗣 語句　run「走る」

3 [現在進行形の文] 次の英文の＿＿＿に適切な語を入れて現在進行形の文を作りなさい。

(1) I eat dinner.

I _____ dinner now.

(2) He reads a newspaper.

He _____ a newspaper now.

(3) They skate.

They _____ now.

🗣 語句　newspaper「新聞」

4 [現在進行形の疑問文・否定文] 次の＿＿＿に適切な語を入れなさい。

(1) _____ you coming to school by bike?

— Yes, I _____.

(2) _____ Mary watching TV now?

— No.　She _____ watching TV now.

(3) _____ you going?

— I'm going to my grandfather's house.

🗣 語句　grandfather「祖父」

---

② 語尾が e で終わる語は e をとって ing をつける。
make — making
come — coming

③ 「1 母音＋1 子音」で終わり，後ろから 2 番目の文字にアクセントがある語は最後の文字を重ねて ing をつける。
swim — swimming
plan — planning

⚠️注意　動詞の原形＋ing

▶ ing は動詞の原形につけることに注意。
例えば He eats dinner. を現在進行形にするには，eats の s をとって ing をつける。
　He **eats** dinner.
→ He is **eating** dinner.

📖参考　進行形にできない動詞

▶次のような状態を表す動詞は進行形にはできない。
have「〜を持っている」
like「〜が好きである」
know「〜を知っている」

Step 2 標準問題

解答▶別冊 29 ページ

1 次の絵を見て，例にならって質問に答えなさい。(18点)

例　What are you doing? — I'm watching TV.

(1) What is your mother doing?

- -

(2) Is Miki making a cake?

- -

(3) Where is Paul swimming?

- -

語句　「～を掃除する」clean　make a cake「ケーキを作る」「海」sea

2 次の英文を現在進行形の文にしなさい。(18点)

(1) I wash the dishes.

- -

(2) She doesn't play the violin.

- -

(3) Does he play tennis?

- -

語句　the dishes「食器」

3 次の日本文に合うように，　　に適切な語を入れなさい。(20点)

(1) ジョーンズさんは車を運転しています。

Mr. Jones - a car.

(2) だれがその本を読んでいますか。

- the book?

(3) かさを持っていきなさい。雨が降っています。

    Take an umbrella. It ＿＿＿＿＿＿＿＿ ＿＿＿＿＿＿＿＿ .

(4) 聞いて。だれかが歌を歌っていますよ。

    Listen! Someone ＿＿＿＿＿＿＿＿＿＿＿＿＿ a song.

🌀 語句　take「～を持っていく」 someone「だれか」

4 次の英文の( )内の語を並べかえなさい。ただし，下線部の語を適切な形にかえること。

(20点)

(1) (is, sister, supper, my, <u>make</u>).

----

(2) (with, who, talking, <u>be</u>, mother, my) now?

                                                      now?

(3) (my, playing, <u>be</u>, children, where) now?

                                                      now?

(4) (<u>swim</u>, many, pool, are, the, how, in, boys)?

🌀 語句　supper「夕食」 talk with ～「～と話す」 play「遊ぶ」

5 次の日本文を英語にしなさい。(24点)

(1) 彼は手紙を書いています。

----

(2) あなたは何を読んでいるのですか。

----

(3) だれが浴室で歌を歌っているのですか。

----

(4) 私はあなたとお話しできません。勉強中です。

🌀 語句　「浴室」bathroom

ワンポイント
3 (2) who，(4) someone は 3 人称単数扱いの語。
4 (3)「子どもたちは今，どこで遊んでいますか。」 (4) How many ～? の文にする。
5 (4)「勉強中」＝「勉強しているところ」と考える。

Step ③ 実力問題

【　　月　　日】

時間 40分　合格点 75点　得点　　　点

解答▶別冊 30 ページ

重要 1 次の英文の＿＿にあてはまる語を下の□から選び，必要があれば正しい形に直しなさい。2 語になることもあります。ただし，同じ語は 2 度使わないこと。(15点)

(1) Listen! Someone ＿＿＿＿＿＿＿＿ an English song.

(2) What is she doing? — She ＿＿＿＿＿＿＿＿ in the pool.

(3) Keiko ＿＿＿＿＿＿＿＿ TV in the living room now.

(4) Where are you ＿＿＿＿＿＿＿＿ the guitar? — In my room.

(5) What is your mother ＿＿＿＿＿＿＿＿ in the kitchen?

— Some cookies.

swim　sing　watch　practice　make

2 次の英文の＿＿に適切な語を入れて，対話文を完成しなさい。(16点)

(1) *A :* Where are you ＿＿＿＿＿＿＿＿?

B : I am going to the library.

(2) *A :* ＿＿＿＿＿＿＿＿ is helping your mother in the kitchen?

B : My sister ＿＿＿＿＿＿＿＿.

(3) *A :* ＿＿＿＿＿＿＿＿ the girls playing basketball now?

B : No. They ＿＿＿＿＿＿＿＿ tennis.

(4) *A :* How ＿＿＿＿＿＿＿＿ children are playing in the park?

B : Ten children ＿＿＿＿＿＿＿＿ playing there.

重要 3 次の英文を（　）内の指示に従って書きかえなさい。(20点)

(1) We are listening to music now.　（否定文に）

＿＿＿＿＿＿＿＿＿＿＿＿＿＿＿＿＿＿＿＿＿＿＿＿＿＿＿＿＿＿

(2) Mike and Takashi are studying English.　（疑問文に）

＿＿＿＿＿＿＿＿＿＿＿＿＿＿＿＿＿＿＿＿＿＿＿＿＿＿＿＿＿＿

(3) Jane is eating a cake.　（下線部が答えの中心となる疑問文に）

＿＿＿＿＿＿＿＿＿＿＿＿＿＿＿＿＿＿＿＿＿＿＿＿＿＿＿＿＿＿

(4) Three boys are studying in the library.　（下線部が答えの中心となる疑問文に）

＿＿＿＿＿＿＿＿＿＿＿＿＿＿＿＿＿＿＿＿＿＿＿＿＿＿＿＿＿＿

4 次の英文の誤りの箇所を抜き出して，正しい形に直しなさい。(25点)

(1) She usually listens to the radio after dinner. But she doesn't listen to the radio now.

(誤) _____ (正) _____

(2) I'm knowing Mr. Smith very well.

(誤) _____ (正) _____

(3) Hikaru is a good singer. I'm liking her.

(誤) _____ (正) _____

(4) I use this computer now. But you can use it later.

(誤) _____ (正) _____

(5) Keiko and Mark is reading books.

(誤) _____ (正) _____

記述式 **5** 次の絵に合うように，現在進行形を使って英文を完成しなさい。(24点)

(1) Jane _____ .

(2) Ken _____ the bench.

(3) Miki _____ Nancy.

(4) Masato _____ a picture.

🦴 語句　cookie「クッキー」　later「あとで」　bench「ベンチ」　「写真をとる」take a picture

20 私は昨日野球をしました 〈過去形〉

重要点をつかもう

1 I **played** baseball yesterday. **ポイント①**

（私は昨日，野球をしました。）

2 I **went** to bed late last night. **ポイント①**

（私は昨夜，遅くに寝ました。）

3 **Did** he **watch** TV last night? **ポイント②**

— Yes, he **did**. / No, he **didn't**〔**did not**〕.

（彼は昨夜，テレビを見ましたか。―はい，見ました。／いいえ，見ませんでした。）

ポイント① **過去形**…「～しました，～でした」と過去のことを表すには，動詞の過去形を使う。動詞の過去形には**規則動詞**と**不規則動詞**がある。

規則動詞…語尾に **ed**，**d** をつける。 play → play**ed**，like → lik**ed**

不規則動詞…不規則に変化する。 go → **went**，make → **made**

ポイント② **疑問文**…〈**Did＋A＋動詞の原形～?**〉「**Aは～しましたか**」

応答文 Yes, he **did**. 「はい，**しました。**」

No, he **didn't**〔**did not**〕. 「いいえ，**しませんでした。**」

否定文…〈**A＋didn't**〔**did not**〕**＋動詞の原形～**〉「**Aは～しませんでした**」

Step 1 基本問題

Guide

解答▶別冊 31 ページ

1 [動詞の過去形] 次の動詞の過去形を書きなさい。

(1) walk .... (2) visit ....

(3) stop .... (4) go ....

(5) cry .... (6) make ....

(7) hope .... (8) get ....

(9) want .... (10) break ....

(11) listen .... (12) take ....

語句 stop「止まる，～をやめる」 hope「～を望む」

 ～ed 形の作り方

①ふつうは動詞の語尾に ed をつける。
play — played
open — opened

②語尾が e で終わる語は d だけつける。
like — liked
dance — danced

2 [過去形の文] 次の絵を見て，例にならって英文を作りなさい。

例	(1)	(2)	(3)
I, tennis	I, TV	Jane, math	Tom, his mother

例　I played tennis yesterday.

(1) _____

(2) _____

(3) _____

🔍 語句　yesterday「昨日」

③語尾が「子音字＋y」の語はyをiにかえてedをつける。
study — studied
try — tried
④「1母音＋1子音」で終わり，後ろから2番目の文字にアクセントがある語は最後の文字を重ねてedをつける。
stop — stopped
drop — dropped

3 [過去形の疑問文] 次の英文を疑問文にしなさい。

(1) You lived in Tokyo two years ago.

_____

(2) Tom got up late this morning.

_____

(3) Bob and Jane played the piano after dinner.

_____

_____

🔍 語句　ago「〜前」　this morning「今朝」

確認 🔍 ed の発音

① [t]
語尾が [t] 以外の無声音のとき。
looked, helped
② [d]
語尾が [d] 以外の有声音のとき。
lived, called, played
③ [id]
語尾が [t, d] の音のとき。
started, visited, needed

4 [過去形の否定文] 次の英文を否定文にしなさい。

(1) He cried in the classroom.

_____

(2) My father took a walk in the park.

_____

(3) My friends came to my house yesterday.

_____

_____

🔍 語句　take a walk「散歩をする」

確認 🔍 過去を表す語句

・yesterday「昨日」
・last night「昨夜」
・last year「昨年」
・〜 ago「〜前」
・two days ago「2日前」
・ten years ago「10年前」

重要 **1** 次の動詞の過去形を書き，語尾を [t] と発音するものはア，[d] と発音するものはイ，[id] と発音するものはウと書きなさい。(20点)

(1) walk　_____（　　）　(2) want　_____（　　）

(3) stay　_____（　　）　(4) listen　_____（　　）

(5) visit　_____（　　）　(6) watch　_____（　　）

(7) like　_____（　　）　(8) laugh　_____（　　）

(9) stop　_____（　　）　(10) talk　_____（　　）

2 次の絵を見て，例にならって質問に答えなさい。(15点)

例　What did Tom do yesterday? — He watched TV yesterday.

(1) What did Bob do yesterday?

_____

(2) Where did Saori go yesterday?

_____

(3) What did she do yesterday?

_____

重要 **3** 次の____に適切な語を入れなさい。(20点)

(1) _____ you visit Mr. Smith?

— Yes, I did. I _____ him last Friday.

(2) I helped my mother, but my sister _____.

(3) _____ Yuka see me last Sunday?

— She _____ you in the museum.

(4) _____ Rick live in Japan two years ago?

— No, he _____. He _____ in Australia.

語句　museum「博物館」

98

4 次の英文の下線部が答えの中心となる疑問文を作りなさい。(20点)

(1) He〔= Her brother〕<u>played the piano</u> at the party.

----

(2) I used this computer <u>last week</u>.

----

(3) I finished my homework <u>at one o'clock</u>.

----

(4) <u>Jane</u> cooked dinner yesterday.

----

(5) He〔= The teacher〕dropped <u>a big book</u> on his foot.

🟡 語句　finish「〜を終える」　drop「〜を落とす」　foot「足」

5 次の日本文を英語にしなさい。**数字も英語で書くこと。**(25点)

(1) 私は 10 年前，彼女を愛していました。

----

(2) 私は昨日の夕食後に，お父さんとチェスをしました。

----

(3) あなたは昨日，何の科目を勉強したのですか。

----

(4) 恵太(Keita)はいつ家に帰って来たのですか。

----

(5) だれが昨夜，あのケーキを食べましたか。

🟡 語句　「チェスをする」play chess　「科目」subject

★☆★☆★☆★☆★☆★☆★☆★☆★☆★☆★☆★☆★☆★☆★☆★☆

ワンポイント

1 ed の発音は次のもの以外はすべて [d] である。動詞の語尾の音が ① [p，k，f，s，tʃ] のときは [t]。② [t，d] のときは [id]。

3 (2)「私は手伝ったが，姉〔妹〕はしなかった。」

Step 3 実力問題

1 次の英文の＿＿＿にあてはまる語を下の□から選び，必要があれば正しい形に直しなさい。直す必要がないときはそのまま書きなさい。ただし，同じ語は2度使わないこと。(16点)

(1) I ＿＿＿＿＿＿＿ Japan for America last year.

(2) Tomoko didn't ＿＿＿＿＿＿＿ to the party last Saturday.

(3) The concert ＿＿＿＿＿＿＿ at seven in the evening yesterday.

(4) Kenji ＿＿＿＿＿＿＿ tennis with John after school yesterday.

> leave　　begin　　come　　play

2 次の英文を( )内の指示に従って書きかえなさい。(15点)

(1) Ms. Miller lives alone in a small house. （過去の文に）

＿＿＿＿＿＿＿＿＿＿＿＿＿＿＿＿＿＿＿＿＿＿＿＿＿＿＿＿＿＿＿＿＿＿

(2) He wanted a new dictionary. （下線部が答えの中心となる疑問文に）

＿＿＿＿＿＿＿＿＿＿＿＿＿＿＿＿＿＿＿＿＿＿＿＿＿＿＿＿＿＿＿＿＿＿

(3) Ann ate *sushi* with her family last night. （否定文に）

＿＿＿＿＿＿＿＿＿＿＿＿＿＿＿＿＿＿＿＿＿＿＿＿＿＿＿＿＿＿＿＿＿＿

3 次の日本文に合うように，( )内の語を並べかえなさい。ただし，1語不足しているので補うこと。(18点)

(1) どのようにして彼の住所がわかりましたか。

(you, how, address, his, know)?

＿＿＿＿＿＿＿＿＿＿＿＿＿＿＿＿＿＿＿＿＿＿＿＿＿＿＿＿＿＿＿＿＿＿

(2) 彼はその店で本を買いませんでした。

(he, buy, books, store, at, the, any).

＿＿＿＿＿＿＿＿＿＿＿＿＿＿＿＿＿＿＿＿＿＿＿＿＿＿＿＿＿＿＿＿＿＿

(3) 昨日，私たちはヘレンに誕生パーティーを開いてあげました。

(Helen, a, birthday, we, party, for) yesterday.

＿＿＿＿＿＿＿＿＿＿＿＿＿＿＿＿＿＿＿＿＿＿＿＿＿＿＿＿＿＿ yesterday.

4 次の英文を読んで，あとの問いに答えなさい。(21点)

Last Sunday, Mr. Yamada （　①　） on a picnic with his children. They started at nine in the morning. They reached the lake at ten thirty, and ㋐they walked around it for half an hour. At last they （　②　） at the flower garden. It had many flowers. They sat on the bench and had lunch. After lunch they （　③　） badminton. Mr. Yamada took some pictures of his children.

They got home at eight o'clock in the evening. ㋑夕食後，彼らはとても早く寝ました。 They had a very good time.

注　reach「～に到着する」　at last「ついに」　had = have の過去形
　　sat = sit の過去形　badminton「バドミントン」

(1) ①～③に合う語を次から選び，適切な形に直しなさい。(9点)

arrive	go	play	take

①_____　②_____　③_____

(2) 下線部㋐を日本語に，下線部㋑を英語にしなさい。(12点)

㋐（　　　　　　　　　　　　　　　　　　　　　　　　　　　　　　　　）

㋑_____

記述式 **5** 次の表は昨日の久美の生活の記録です。これを見て下の英文を完成させなさい。ただし，_____に入るのは1語とは限りません。数字も英語で書くこと。(30点)　〔熊本一改〕

7：30	起床
8：00	朝食
9：00	英語の勉強
12：00	昼食
1：00	テレビ
3：00	テニス
6：00	夕食
8：00	宿題
10：00	就寝

Kumi got up at ①_____.

She ②_____ at eight.

She ③_____ in the morning.

And she had ④_____ at noon.

She ⑤_____

in the afternoon.

She had dinner at six.

And she ⑥_____ at eight.

語句　leave A for B「Bに向けてAを出発する」　alone「1人で」

21 私は明日おじを訪ねるつもりです

〈be going to, will〉

🎯 **重要点をつかもう**

1 I **am going to** visit my uncle tomorrow. （ポイント❶）

（私は明日，おじを**訪ねるつもりです。**）

2 I **will** go to the park tomorrow. （ポイント❷）

（私は明日，公園に**行くつもりです。**）

ポイント❶ 〈**A**＋be動詞＋going to＋動詞の原形〉…「**A**は～**するつもりだ**」という意味で，未来を表す。be動詞は**A**（＝主語）に応じて am，are，is を使い分ける。

〈否定文〉I **am not going to** visit my uncle tomorrow. ← be動詞の後ろに not を置く。

〈疑問文〉**Are** you **going to** visit your uncle tomorrow? ← be動詞を主語の前に置く。

　　　　— Yes, I **am**. / No, I'**m not**. ← be動詞を使って答える。

ポイント❷ 〈**A**＋will＋動詞の原形〉…「**A**は～**するだろう，～するつもりだ**」という意味で，未来を表す。

〈否定文〉I **won't**〔**will not**〕go to the park tomorrow. ← will の後ろに not を置く。

〈疑問文〉**Will** you go to the park tomorrow? ← will を主語の前に置く。

　　　　— Yes, I **will**. / No, I **won't**〔**will not**〕. ← will を使って答える。

Step 1 基本問題

解答▶別冊33ページ

1 ［be going to の用法］次の英文を，be going to を使って未来の文に書きかえなさい。文末に（　）内の語句を加えること。

(1) We go to Tokyo. （next week）

→ _____

(2) Bob gets up early. （tomorrow morning）

→ _____

(3) I have a party. （next Sunday）

→ _____

(4) My sister plays the piano. （tomorrow）

→ _____

Guide

🔍 be going to の使い方

▶未来を表す be going to のあとには**動詞の原形**を置く。また，be動詞は主語に合わせて，am，are，is を使い分ける。

2 ［will の用法］次の絵を見て，例にならって英文を作りなさい。

例	(1)	(2)	(3)
Maria (tomorrow)	Yuri (tonight)	They (after school)	my father (this weekend)

例　Maria will play tennis tomorrow.

(1) _____

(2) _____

(3) _____

3 ［否定文の作り方］次の英文を否定文にしなさい。

(1) I'm going to visit my aunt.

_____

(2) Kate is going to go shopping.

_____

(3) We'll watch a soccer game on TV this evening.

_____

語句　go shopping「買い物に行く」　on TV「テレビで」

4 ［疑問文の作り方］次の英文を疑問文にしなさい。

(1) She's going to study at home.

_____

(2) Tom will be twenty next year.

_____

(3) They'll take their children to the park tomorrow.

_____

語句　at home「家で」　take ~ to ...「～を…に連れていく」

1 次の英文の（ ）内から適切な語を〇で囲みなさい。(21 点)

(1) We （am, are, is） going to play tennis after school.

(2) Mary （am, are, is） going to visit Tokyo next week.

(3) I'm going to （getting, gets, get） home at six today.

(4) He's going to （cleaning, cleans, clean） his room this weekend.

(5) （Is, Be, Are） your mother going to make a cake next holiday?

(6) Mike （isn't, won't, don't） cook tonight.

(7) They （aren't, not, don't） going to see a movie tomorrow.

🟡 語句　get home「帰宅する」

2 次の絵を見て，例にならって質問文に答えなさい。(15 点)

例　What are you going to do tomorrow? — I'm going to go fishing.

(1) What subject are they going to study after school?

----

(2) Will your father be busy this afternoon?

----

(3) What time will Emily go to bed tonight?

🟡 語句　go fishing「つりに行く」

3 次の英文の＿＿に適切な語を入れて，対話文を完成しなさい。(20 点)

(1) A : Are they going to eat dinner at the restaurant tomorrow?

　B : No, they ＿＿＿＿＿＿＿.

(2) A : Will your mother buy a new car next year?

　B : Yes, ＿＿＿＿＿＿＿ ＿＿＿＿＿＿＿.

(3) A : _____ are you _____ to _____ this weekend?

    B : I'm going to study for the test.

(4) A : How will the weather be tomorrow?

    B : _____ _____ _____ rainy.

🔴 語句　weather「天気」　rainy「雨の」

4 次の日本文に合うように，＿＿に適切な語を入れなさい。(20点)

(1) 私の妹は来月 10 歳になります。

My sister _____ ten years old next month.

(2) 私はジョンの宿題を手伝うつもりはありません。

I _____ John with his homework.

(3) あなたたちは文化祭でその歌を歌うつもりですか。

_____ you going to _____ the song at the school festival?

(4) 彼はどうやってその競技場まで行くつもりですか。

_____ is he going to _____ to the stadium?

🔴 語句　school festival「文化祭」

5 次の日本文を英語にしなさい。(24点)

(1) 私は来週，大阪を訪れるつもりです。

_____

(2) 彼らは放課後，バスケットボールをするつもりですか。

_____

(3) 私の父は明日の朝，公園を走るつもりはありません。

_____

(4) あなたはいつアメリカに行くつもりですか。

_____

★─★

ワンポイント

2 (3)「時刻」を答える。

5 be going to，will のどちらを使って書いてもよい。

Step 3 実力問題

解答▶別冊 35 ページ

1 次の英文を（　）内の指示に従って書きかえなさい。(20点)

(1) Jane is going to clean her room. （主語を I にかえて）

----

(2) Mike is going to write a letter to Mr. Brown. （主語を We にかえて）

----

(3) They'll visit Kyoto <u>next week</u>. （下線部が答えの中心となる疑問文に）

----

(4) Emily is going to go <u>to the park</u>. （下線部が答えの中心となる疑問文に）

----

(5) He will buy <u>some food</u> at the store. （下線部が答えの中心となる疑問文に）

----

2 次の日本文に合うように，（　）内の語を並べかえなさい。(20点)

(1) 今度の日曜日は晴れるでしょう。

(will, sunny, be, next, it) Sunday.

---- Sunday.

(2) 私たちは明日，トムの家でテニスの試合を見るつもりです。

(game, are, watch, going, tennis, we, to, a) at Tom's house tomorrow.

---- at Tom's house tomorrow.

(3) 私の父は今週末，ゴルフをしないつもりです。

(play, my, will, golf, not, father) this weekend.

---- this weekend.

(4) あなたはノートを何冊買うつもりですか。

(notebooks, you, how, will, buy, many)?

----

(5) 彼らは来週，フランスに出発する予定ですか。

(for, leave, are, France, to, they, going) next week?

---- next week?

3 次のようなとき，英語で何と言えばよいか書きなさい。(28点)

(1) 自分は今度の土曜日は家で勉強するつもりだと言うとき。

- -

(2) 明日何をするつもりかと相手にたずねるとき。

- -

(3) 自分はペットを飼うつもりはないと言うとき。

- -

(4) 今日は早く帰宅するつもりかと相手にたずねるとき。

- -

4 次の対話文を読んで，あとの問いに答えなさい。(32点)

Tom : Do you have any plans for the winter vacation?

Kana : Yes. ⓐ I'm going to visit my grandmother in Osaka with my family.

Tom : Will you eat *takoyaki* there?

Kana : （　ⓑ　） My grandmother makes it for us every time.

Tom : That sounds good. Do you visit Osaka every year?

Kana : Yes, I do. My parents are from there. I'll get *takoyaki* cookies for you in Osaka. The cookie has the shape of *takoyaki*.

Tom : Really? Thank you.

注 plan「計画」 grandmother「祖母」 every time「毎回」 cookie「クッキー」 shape「形」

(1) 下線部ⓐを日本語にしなさい。(8点)

（　　　　　　　　　　　　　　　　　　　　　　　　　　　　　　　　　　　　　　　）

(2) ⓑにあてはまる適切な文を次のア〜エから選び，記号で答えなさい。(8点)

　ア　Yes, we will.　　イ　No, we won't.

　ウ　Yes, we are.　　エ　No, we aren't.　　　　　　　　　　　　　（　　　）

(3) 本文の内容に合うように，次の質問に英語で答えなさい。(16点)

　① Is Kana going to visit Osaka during the winter vacation?

- -

　② What will Kana get for Tom in Osaka?

- -

語句　sunny「晴れの」　golf「ゴルフ」

【　月　　日】

会 話 表 現 ❷

解答▶別冊 36 ページ

1 次の対話文の（　）にあてはまる最も適切な英文を下のア〜エから選び，記号で答えなさい。

(12 点)

(1) A : （　　　　）

　　B : Yes, please.

　　ア　I don't drink tea.　　　　　　　イ　Orange juice, please.

　　ウ　Do you like cakes?　　　　　　エ　How about some tea?

(2) A : I can't find my pen.（　　　　）　　　　　　　　　　　　　　〔岩手一改〕

　　B : OK. Please use this.

　　A : Thanks.

　　ア　How about some pens?　　　　イ　Can I use yours?

　　ウ　Can I find my pen?　　　　　　エ　Can you use yours?

(3) A : Excuse me. Is this your handkerchief?

　　B : Oh, it's mine.

　　A : （　　　　）

　　B : Thank you.

　　ア　Here you are.　　　　　　　　イ　I'm here.

　　ウ　Here we are.　　　　　　　　エ　Here's my handkerchief.

語句　orange juice「オレンジジュース」　handkerchief「ハンカチ」

2 次の日本文に合うように，＿＿に適切な語を入れなさい。(15 点)

(1) ドアを閉めてくれませんか。

　　＿＿＿＿＿＿　＿＿＿＿＿＿　close the door?

(2) アップルパイはいかがですか。― いいえ，けっこうです。

　　＿＿＿＿＿＿　＿＿＿＿＿＿　some apple pies?

　　― ＿＿＿＿＿＿，＿＿＿＿＿＿＿＿＿＿.

(3) ここで昼食を食べてもいいですか。― もちろんです。

　　＿＿＿＿＿＿　＿＿＿＿＿＿　eat lunch here?

　　― Of ＿＿＿＿＿＿.

語句　close「〜を閉める」　apple pie「アップルパイ」

3 次の＿＿に適切な語を入れて，対話文を完成しなさい。(28点)

(1) *A* : Can you open the window?

  B : All ＿＿＿＿＿＿＿＿.

(2) *A* : Can ＿＿＿＿＿＿＿＿ borrow your bike?

  B : Sure.

(3) *A* : Can you help me?

  B : I'm ＿＿＿＿＿＿＿, I can't. I'm busy now.

(4) *A* : I like sports.

  B : ＿＿＿＿＿＿＿, too. I like every sport.

🍪 語句　borrow「～を借りる」

4 次の日本文に合うように，（　　）内の語を並べかえなさい。ただし，不要な語が1語含まれています。(21点)

(1) 楽しんできてください。(a, good, you, time, have).

----

(2) 私の家にようこそ。(you're, welcome, my, house, to).

----

(3) 私をその公園に連れていってくれませんか。

  (can, park, take, to, the, you, me, I)?

🍪 語句　take「～を連れていく」

5 次の日本文を英文にしなさい。(24点)

(1) 手伝ってくれませんか。— もちろんです。

----

(2) 私は動物が好きです。あなたはどうですか。

----

(3) あなたといっしょに行ってもいいですか。— すみません，できません。

総仕上げテスト

 時間 **40分**　 合格点 **75点**　 得点　　　　点

解答▶別冊 37 ページ

❶ 次の対話文の内容に合うように，（　）に指示された文字で始まる語を書きなさい。(16 点)

(1) A : When is your birthday?

　　B : It's （A　　　　　） 10. It's hot in Japan.

(2) A : Where did you go last night? I called you.

　　B : I'm sorry. I （w　　　　　） to my grandfather's house with my family.

〔平塚江南高校―改〕

(3) A : What time is it now?

　　B : It's 12 : 50. We still have ten （m　　　　　） before one o'clock.

(4) A : How （m　　　　　） cats do you have?

　　B : I have one. She's three months old now. Her hair is white and her eyes are blue.

(1)	(2)	(3)	(4)

❷ 次の日本文に合うように，（　）内に入る適切な語を書きなさい。(20 点)

(1) お年寄りに親切にしなさい。

　　（　　　）（　　　） to old people.

(2) 私の父はときどきとても早く起きます。

　　My father （　　　） gets up very （　　　）.

(3) 2 月には雪がたくさん降ります。

　　We have a lot of snow （　　　）（　　　）.

(4) 私はあの女の子たちを知りません。あなたは知っていますか。

　　I don't know （　　　） girls. Do you know （　　　）?

(5) あなたといっしょに行ってもいいですか。

　　（　　　）（　　　） go with you?

(1)	(2)
(3)	(4)
(5)	

❸　次の英文を（　）内の指示に従って書きかえなさい。(16点)

(1) Tom swims very well.　（「～できる」という意味の文に）

(2) <u>Paul</u> walks to school every day.　（下線部が答えの中心となる疑問文に）

(3) Yukari is <u>playing the piano</u>.　（下線部が答えの中心となる疑問文に）

(4) The concert is <u>two hours</u> long.　（下線部が答えの中心となる疑問文に）

(1)	
(2)	
(3)	
(4)	

❹　次の対話文の（　）にあてはまる最も適切な語句を下のア～エから選び，記号で答えなさい。

(16点)

(1) *A* : Whose bag is this?　〔長野―改〕

　　B : It's Masao's.

　　C : Yes, it's （　　）.

　　ア　his　　イ　hers　　ウ　a bag　　エ　not a bag

(2) *A* : Did you read this book? It's really interesting.

　　B : No, I （　　）.

　　ア　can't　　イ　don't　　ウ　doesn't　　エ　didn't

(3) *A* : （　　） run in the classroom, Takuya.

　　B : I'm sorry, Ms. Brown.

　　ア　You　　イ　Be　　ウ　Don't　　エ　Doesn't

(4) *A* : Mary called you at seven o'clock.　〔北海道―改〕

　　B : What did she say?　（　　）

　　A : Yes. She said, "Please come to school at eight tomorrow morning."

　　B : Thank you. I understand.

　　ア　Who is calling?　　　　　　　　イ　How do I call you?

　　ウ　When did you read the message?　エ　Did you take a message?

(1)	(2)	(3)	(4)

❺ 意味が通る英文になるように，次の（ ）内の語を並べかえなさい。(16点)

(1) (want, you, which, do, bag)?

(2) (CDs, doesn't, any, Mike, have).

(3) (sister, with, is, your, who, talking)?

(4) (breakfast, you, for, did, what, yesterday, have)?

(1)	
(2)	
(3)	
(4)	

❻ 次の対話文を読んで，あとの問いに答えなさい。(16点) 〔宮城一改〕

Aya : What are you doing, Jack?

Jack : I'm （ ⓐ ） at pictures of you and my family, Aya. I （ ⓑ ） these pictures in America four months ago.

Aya : Show me them, please. Oh, this is your mother! I only stayed for two weeks, but I had a very good time.

Jack : You always smiled, so we all loved you.

Aya : 私はあなたのお母さんとテニスを楽しみました。 She played it very well.

Jack : You, too! Aya, do you have time now? Let's （ ⓒ ） tennis!

Aya : Yes, let's!

(1) ⓐ～ⓒにあてはまる適切な語を選び，必要があれば正しい形に直しなさい。(9点)

play　　take　　look

(2) 下線部の日本文を英語にしなさい。(4点)

(3) 本文の内容に合うように，次の質問に英語で答えなさい。(3点)

When did Aya stay at Jack's house in America?

(1)	ⓐ	ⓑ	ⓒ
(2)			
(3)			

標準問題集
中1英語
解答編

解 答 編

中1 標準問題集 英語

1 私は賢治です

Step 1 解答　　　　　　　　　　p.2 ～ p.3

1 (1) am　(2) are　(3) is　(4) is　(5) is
　　(6) is
2 (1) This is Mike.
　　(2) That is Taro.
　　(3) That is Judy.
　　(4) This is Saki.
3 (1) I am Ken.
　　(2) You are a doctor.
　　(3) That is a desk.
4 (1) a　(2) an　(3) ×

解説　**1**　主語が I なら be 動詞は am，You なら are，This や That であれば is を使う。
2　近くの人やものを指すときは this，遠くの人やものを指すときは that を使う。
3　Ａ am，are，is Ｂ＝「Ａは Ｂ です」の語順にする。
4　(2) egg は母音の発音で始まるので an を使う。
(3) 人名の前に a や an は使わない。

🚨 誤りに気をつけよう

This is ~~a~~ Mr. Smith.
　　　　→ 不要
　Mr. Smith「スミス先生」のような人名や Japan「日本」のような国名などの**固有名詞**に **a** や **an** はつけないので注意しましょう。

Step 2 解答　　　　　　　　　　p.4 ～ p.5

1 (1) is　(2) I　(3) That　(4) are
2 (1) That is a chair.
　　(2) This is a computer.
　　(3) This is an apple.
　　(4) That is a piano.
3 (1) 私はボブです。
　　(2) あれはラジオです。
　　(3) こちらはジョンです。

(4) あなたはサッカーの選手です。
4 (1) You are Nancy.
　　(2) This is Japan.
　　(3) I am a teacher.
　　(4) That is an album.
5 (1) You're〔You are〕Yumi.
　　(2) I'm〔I am〕a scientist.
　　(3) That's〔That is〕a camera.
　　(4) This is an orange.

解説　**2**　(1)「あれはいすです。」
(2)「これはコンピュータです。」
(3)「これはりんごです。」
(4)「あれはピアノです。」
4　(1)「あなたはナンシーです。」
(2)「これは日本です。」
(3)「私は先生です。」
(4)「あれはアルバムです。」
5　(1)(2)(3) You are，I am，That is はそれぞれ短縮形の You're，I'm，That's にしてもよい。

🚨 誤りに気をつけよう

~~That's~~ is an orange.
　　→ **That's** または **That is**
　That's は That is の短縮形。~~That's is~~ ~. のような文を書かないように気をつけましょう。

2 彼は学生です

Step 1 解答　　　　　　　　　　p.6 ～ p.7

1 (1) He　(2) She　(3) It　(4) It
2 (1) This is Judy. She is a student.
　　(2) This is Taro. He is a student.
　　(3) This is Min. She is a student.
　　(4) This is Bob. He is a student.
3 (1) I'm〔I am〕not from Japan.
　　(2) You aren't〔You're not, You are not〕a doctor.
　　(3) That isn't〔That's not, That is not〕America.

1

(4) Kyoko isn't〔is not〕 a student.

(5) This isn't〔is not〕 Fred.

(6) It isn't〔It's not, It is not〕 a computer.

(7) Mr. King isn't〔is not〕 a teacher.

解説 **1** 前に出た男性を指すときは he，女性を指すときは she を使う。人以外のものや動物を指すときは it を使う。

(1) 「こちらはスミスさんです。彼は先生です。」

(2) 「あちらはルーシーです。彼女は学生です。」

(3) 「あれはピアノではありません。それはオルガンです。」

(4) 「これは学校ではありません。それは病院です。」

2 (1) 「こちらはジュディです。彼女は学生です。」

(2) 「こちらは太郎です。彼は学生です。」

(3) 「こちらはミンです。彼女は学生です。」

(4) 「こちらはボブです。彼は学生です。」

3 be 動詞の否定文においては，be 動詞の後ろに not を置く。

(1) 「私は日本出身ではありません。」

(2) 「あなたは医者ではありません。」

(3) 「あれはアメリカではありません。」

(4) 「恭子は学生ではありません。」

(5) 「こちらはフレッドではありません。」

(6) 「それはコンピュータではありません。」

(7) 「キングさんは先生ではありません。」

⚠ 誤りに気をつけよう

This is Mr. ~~smith~~.

↳ **Smith**

Mr. の後ろに続くのは，日本語でいう「名字」。固有名詞は大文字で書き始めましょう。Mr. が大文字で始まっているからといって小文字にはしません。

Step 2 解答 p.8 ～ p.9

1 (1) This is Lucy. She is a nurse.

(2) This is Mike. He is from Canada.

(3) This is Alice. She is a doctor.

(4) This is Tom. He is a baseball player.

2 (1) not (2) aren't (3) isn't (4) isn't

3 (1) 私は学生ではありません。

(2) あれは自転車ではありません。

(3) 彼は警察官ではありません。

4 (1) I am not Nancy.

(2) He is Tom.

(3) She is a writer.

(4) That is not a school.

(5) Maki is not a singer.

5 (1) Taro is a musician.

(2) That isn't〔That's not, That is not〕 Yuka.

(3) She is in Tokyo.

(4) This isn't〔is not〕 a chair.

解説 **1** (1) 「こちらはルーシーです。彼女は看護師です。」

(2) 「こちらはマイクです。彼はカナダ出身です。」

(3) 「こちらはアリスです。彼女は医者です。」

(4) 「こちらはトムです。彼は野球の選手です。」

2 (2)(3)(4) は解答欄の数から判断して，短縮形を入れる。

4 (1) 「私はナンシーではありません。」

(2) 「彼はトムです。」

(3) 「彼女は作家です。」

(4) 「あれは学校ではありません。」

(5) 「真希は歌手ではありません。」

⚠ 誤りに気をつけよう

She is ~~singer~~.

↳ **a singer**

職業を表す語には **a** や **an** がつきます。固有名詞と混同しないように気をつけましょう。

3 あれは犬ですか

Step 1 解答 p.10 ～ p.11

1 (1) Is, he (2) Are, I'm

2 (1) Is this a desk or a chair? — It's a desk.

(2) Is this a textbook or a notebook?

— It's a notebook.

(3) Is this a soccer ball or a tennis ball?

— It's a soccer ball.

(4) Is this a watch or a clock? — It's a clock.

3 (1) Is this a pen?

(2) Is she a teacher?

(3) Is that Ken or Masao?

(4) Is this a school or a hospital?

解説 **1** (1) 主語が Mike なので be 動詞は is。Mike は he に置きかえられる。

(2) 主語が you なので be 動詞は are。また，you「あなたは」でたずねられた場合，答える側は I「私は」となる。

2 主語はすべて this なので be 動詞は is を使う。〈Is this A or B?〉の語順。応答文は，Yes・No ではなく，It's ～. で具体的に答える。

(1)「これは机ですか，それともいすですか。」「それは机です。」

(2)「これは教科書ですか，それともノートですか。」「それはノートです。」

(3)「これはサッカーボールですか，それともテニスボールですか。」「それはサッカーボールです。」

(4)「これは腕時計ですか，それとも置き時計ですか。」「それは置き時計です。」

3 (1) (2) be 動詞の疑問文は，be 動詞を主語の前に置く。

(3) (4)「A ですか，それとも B ですか」と言う場合は A と B の間に or を置く。

☎ **誤りに気をつけよう**

Is this a dog or ~~cat~~?

→ **a cat**

a dog or a cat のように 2 つの語を or で結ぶと，cat の前の a を忘れてしまいがちです。or を置いても数えられる名詞には a，an を忘れないように注意しましょう。

Step 2 解答 p.12 ～ p.13

1 (1) Are, am (2) Is, is (3) Is, is

(4) Is, is

2 (1) Is that a fox? — No, it isn't〔it's not, it is not〕.

(2) Is this a camera? — Yes, it is.

(3) Is this a chair? — Yes, it is.

3 (1) スミス先生〔さん〕はオーストラリア出身ですか。— いいえ，ちがいます。

(2) これは花びんですか。— いいえ，ちがいます。

(3) あなたは医者ですか，それとも教師ですか。

— 私は教師です。

(4) 彼はマイクですか，それともジョンですか。

— 彼はマイクです。

4 (1) Are you Lucy?

(2) Is this an orange?

(3) Is he from America?

(4) Is Mr. Brown an engineer or a pilot?

(5) Is that a hill or a mountain?

5 (1) Is he David? — Yes, he is.

(2) Is that a book?

— No, it isn't〔it's not, it is not〕.

(3) Are you a teacher or a student?

— I'm〔I am〕 a student.

(4) Is Nao a singer or a pianist?

— She's〔She is〕 a pianist.

解説 **1** 主語に合わせて be 動詞を使い分ける。I には am，you には are，this・that・it・he・she には is を使う。

2 近くにあるものには this，離れたところにあるものには that を使う。

(1)「あれはきつねですか。」「いいえ，ちがいます。」

(2)「これはカメラですか。」「はい，そうです。」

(3)「これはいすですか。」「はい，そうです。」

4 (3)「～出身」= from

5 (2) 応答文の日本語では主語が省略されている。that に対して，応答文では it を使って答える。

☎ **誤りに気をつけよう**

Is she a singer or a pianist?

— ~~Yes, she is.~~

→ **She is a pianist.**

～ A or B? でたずねられたときは，Yes・No ではなく，**A か B** かを具体的に答えましょう。

---

4 これは私の犬です

Step 1 解答 p.14 ～ p.15

1 (1) my (2) your (3) my (4) your (5) my

2 (1) his (2) her (3) his (4) her

3 (1) Is this your watch?

— Yes, it is. It's my watch.

(2) Is this his cap?

— Yes, it is. It's his cap.

(3) Is this her dog?

— Yes, it is. It's her dog.

(4) Is this your bag?

— Yes, it is. It's my bag.

解説 **2** 「彼の」は his，「彼女の」は her で表す。
3 (1)(4)自分のものについて「あなたの～ですか」と
たずねられた場合は「それは私の～です」と答える。
(2)(3)「彼の〔彼女の〕～ですか」とたずねられて正し
い場合は「はい，そうです。それは彼の〔彼女の〕～
です」と答える。

🚨 誤りに気をつけよう

「これは私の本です。」

This is ~~a~~ my book.
　　　　↘不要

　a，an と **my，your，his，her** などの所有
格はいっしょには使えないので注意しましょう。

| Step 2 | 解答 | p.16～p.17 |

1 (1) your　(2) my　(3) her　(4) his

(5) her

2 (1) This isn't my pen. It is your pen.

(2) This isn't your pencil. It is his pencil.

(3) This isn't her desk. It is his desk.

(4) This isn't my chair. It is her chair.

3 (1) my　(2) my, his　(3) your　(4) her

4 (1) my racket

(2) your car

(3) or his brother

(4) or your cap

(5) or her album

5 (1) Is this your computer?

(2) That isn't〔is not〕my house.

(3) This is Tom.

That is his sister.

(4) Bob is from America.

His friend is from America, too.

解説 **1** (1)答える側が my bag「私のかばん」と
言っていることから，「あなたのかばん」について

たずねているとわかる。「これはあなたのかばんで
すか。」「はい，そうです。それは私のかばんです。」
(2) too ＝「～も」が使われていることから，2文目も
「私のノート」について話しているとわかる。「これ
は私のノートです。あれも私のノートです。」
(3)「これは彼女のペンですか。」「はい，そうです。そ
れは彼女のペンです。」
(4)「あちらはマイクです。こちらは彼のお兄さん〔弟〕
のトムです。」
(5)「ジェーンはフランス出身です。それは彼女の国で
す。」
2 (1)「これは私のペンではありません。それはあな
たのペンです。」
(2)「これはあなたの鉛筆ではありません。それは彼の
鉛筆です。」
(3)「これは彼女の机ではありません。それは彼の机で
す。」
(4)「これは私のいすではありません。それは彼女のい
すです。」
4 (1) racket に an はつかないので，an が不要。
「あれは私のラケットです。」
(2) car に an はつかないので，an が不要。「あれはあ
なたの車ではありません。」
(3) a brother では不自然な文になるので，a が不要。
「あちらは隆ですか，それとも彼のお兄さん〔弟〕で
すか。」
(4) a cap では不自然な文になるので，a が不要。「これ
は私の帽子ですか，それともあなたの帽子ですか。」
「それは私の帽子です。」
(5) or のあとに置くものは his album と対比させるも
のにするので，an album ではなく her album とす
る。an が不要。「これは彼のアルバムですか，それ
とも彼女のアルバムですか。」
5 (4)「～も」＝ too

🚨 誤りに気をつけよう

○　He is an American boy.

×　He is from ~~an~~ America.
　　　　　　↘不要

　American boy の前には an をつけるが，
America の前にはつけない。**固有名詞に a や
an はつけない**ので注意しましょう。

5 この男の子はマイクです

Step 1 解答　　　　　　　　　　　p.18 〜 p.19

1 (1) This is Mike. He is an American boy.

(2) This is Kazuya. He is a Japanese boy.

(3) This is Judy. She is a tall girl.

(4) This is Maki. She is a kind girl.

2 (1) This　(2) that, he　(3) this, it

3 (1) Jim is a tall boy.

(2) Is this a new notebook?

(3) That boy isn't my classmate.

(4) Is that pretty girl your

解説　**1**　数が1つの名詞を形容詞が修飾するとき，「1つの」を表す a や an は形容詞の前に置く。

(1)「こちらはマイクです。彼はアメリカ人の男の子です。」

(2)「こちらは和也です。彼は日本人の男の子です。」

(3)「こちらはジュディです。彼女は背の高い女の子です。」

(4)「こちらは真紀です。彼女は親切な女の子です。」

3　(1)(2) a と形容詞の語順に注意すること。

🚨 誤りに気をつけよう

~~A this man~~ is Mike.

↳ **This man**

　this や that が数えられる名詞の前に置かれると，名詞に **a** や **an** はつきません。

Step 2 解答　　　　　　　　　　　p.20 〜 p.21

1 (1) good〔best, close〕　(2) pretty〔cute〕

(3) white　(4) tall

2 (1) Is this girl your friend?

— Yes, she is. Her name is Lucy.

(2) Is this girl your friend?

— Yes, she is. Her name is Alice.

(3) Is this boy your friend?

— Yes, he is. His name is Tom.

3 (1) カナダは大きな国です。

(2) 私はよい生徒〔学生〕ですか。

(3) ジェーンはテニスが上手です〔ジェーンは上手なテニス選手です〕。

(4) これは新しい家ではありません。

4 (1) Mike is an American boy.

(2) That girl isn't my sister.

(3) Is this old building a church?

5 (1) Is that boy Bob or Rick?

(2) Is your brother a good baseball player?

(3) My mother is an English teacher.

解説　**1**　(1)「親友」= good〔best, close〕friend

2　絵に描かれているのが女の子なら主語を this girl, 男の子なら this boy とする。それに対応して，応答文の主語が変化する。

(1)「この女の子はあなたの友だちですか。」「はい，そうです。彼女の名前はルーシーです。」

(2)「この女の子はあなたの友だちですか。」「はい，そうです。彼女の名前はアリスです。」

(3)「この男の子はあなたの友だちですか。」「はい，そうです。彼の名前はトムです。」

4　(1)「アメリカ人の男の子」は an American boy なので，his が不要。

(2)「私の姉」とあるので，my sister とする。a が不要。

(3)「この古い建物」とあるので，this old building とする。this の前に a や an はつかない。an が不要。

5　(3)「先生」は a teacher だが，English =「英語の」がつくと an English teacher になる。

🚨 誤りに気をつけよう

「あの男の子はあなたのお兄さんですか。」

Is that boy ~~is~~ your brother?

↳ 不要

　1つの文に **be** 動詞が2つあってはいけません。疑問文では **be** 動詞を主語の前に置きましょう。

Step 3 解答　　　　　　　　　　　p.22 〜 p.23

1 (1) is　(2) is　(3) are　(4) am　(5) Is, is

2 (1) a　(2) ×　(3) ×　(4) a, an

3 (1) Ms. White is from Australia.

(2) He is not an engineer.

(3) Is Mike a basketball player?

(4) Is this my book or his book?

4 (1) This isn't〔is not〕an eraser.

(2) This is Liz. She is my sister.

(3) Is Alex a high school student or a college student?

(4) That young man is my father.

(5) Is your English teacher from Canada?

5 (1) ① she ② my ③ He ④ tall

⑤ he ⑥ black

(2) 彼の名前はデイビッドです。

解説 **1** (1)「彼はブラウン先生です。」

(2)「恭子は先生ではありません。」

(3)「あなたは中国出身です。」

(4)「私は医者です。」

(5)「これはオルガンですか。」「はい，そうです。」

2 (1)「あれはラケットです。」

(2)「トムはアメリカ出身です。」

(3)「私は良太です。」

(4)「あれはボールではありません。それはオレンジです。」

3 (1)「～出身です」＝〈be 動詞＋ from ～〉 not が不要。

(2) engineer は母音で始まるので an を使う。a が不要。

(3) be 動詞の疑問文は be 動詞を主語の前に置く。basketball は子音字で始まるので a を使う。an が不要。

(4)「A ですか，それとも B ですか」と言う場合は A と B の間に or を置く。her「彼女の」が不要。my book と his book は入れかえてもよい。

4 (1) eraser は母音で始まるので前に an を置く。

(2)「こちらは～です」と人を紹介するときは，This is ～. を使う。

(3) high school student と college student の前に a を置く。a high school student と a college student は入れかえてもよい。

(5)「あなたの英語の先生」は〈所有格＋形容詞＋名詞〉の語順にする。

5 (1) ① Is this woman ～? への応答文なので，she を使う。③ 前の文に出てきた this man のことなので He で始める。④・⑥ それぞれ絵の内容を説明する形容詞が入る。tall ＝「背の高い」は big ＝「大きい」，black ＝「黒い」は pretty ＝「かわいい」などでもよい。

《日本語訳》

健 ：この女性はあなたのお母さんですか。

ジュディ：はい，そうです。そしてこの男性は私の父です。彼は技術者です。

健 ：この背の高い男の子はあなたのお兄さん

〔弟〕ですか。

ジュディ：いいえ，ちがいます。彼は私のいとこです。彼の名前はデイビッドです。

健 ：これは彼の犬ですか。

ジュディ：はい。この黒い犬はジョンです。

誤りに気をつけよう

It is ~~Japanese car.~~

↳ **a Japanese car**

形容詞のついた名詞に所有格や this，that をつけない場合，a や an を忘れずにつけましょう。

6 これは何ですか

Step 1 解答 p.24 ～ p.25

1 (1) What (2) Who (3) Which (4) Who

2 (1) What is this? — It is an apple.

(2) What is this? — It is a dog.

(3) What is this? — It is a map.

3 (1) Who is this girl? — She is Mary.

(2) Who is this boy? — He is my brother.

(3) Who is this girl? — She is my cousin.

4 (1) ウ (2) イ (3) エ

解説 **1** 応答文の内容から質問文を考える。

(1)「これは何ですか。」「それはレモンです。」

(2)「あの男の子はだれですか。」「彼は健です。」

(3)「どちらがあなたのお姉さん〔妹〕ですか。」「こちらが私の姉〔妹〕です。」

(4)「あなたはだれですか。」「私はボブ・スミスです。」

2 (1)「これは何ですか。」「それはりんごです。」

(2)「これは何ですか。」「それは犬です。」

(3)「これは何ですか。」「それは地図です。」

3 (1)「この女の子はだれですか。」「彼女はメアリーです。」

(2)「この男の子はだれですか。」「彼は私の兄〔弟〕です。」

(3)「この女の子はだれですか。」「彼女は私のいとこです。」

4 (1)「あなたはだれですか。」「私はメアリーです。」

(2)「どちらがあなたのねこですか。」「これが私のねこです。」

(3)「この女の子はだれですか。」「彼女は私の姉〔妹〕です。」

What is this? — ~~Yes, it is.~~
　　　　　　　　It is a map.
What, Who, Which などを使った疑問文には **Yes・No** では答えません。対話文で応答文を選ぶときなどは注意しましょう。

Step 2　解答　　　　　　　　　p.26 ～ p.27

1 (1) He is Tom.　(2) He is my uncle.
　　(3) She is my sister.　(4) She is a doctor.

2 (1) What, It's　(2) Which, my
　　(3) Who, He

3 (1) Who, He　(2) What, It
　　(3) Who, I'm　(4) Which, my
　　(5) What, She

4 (1) What are you?
　　(2) Which is your cap?
　　(3) Who is he?
　　(4) Who is your English teacher?

5 (1) Who is that woman?
　　— She is my aunt.
　　(2) Which is your textbook?
　　— This is my textbook.
　　(3) What's〔What is〕your name?
　　— My name is Robin Williams.

解説　**1**　(1)「この男の子はだれですか。」「彼はトムです。」
(2)「この男性はだれですか。」「彼は私のおじです。」
(3)「この女の子はだれですか。」「彼女は私の姉〔妹〕です。」
(4)「この女性の職業は何ですか。」「彼女は医者です。」
2　(1) A：あれは何ですか。B：それは飛行機です。
(2) A：どちらがあなたのカメラですか。
　　B：これが私のカメラです。
(3) A：あの男性はだれですか。
　　B：彼は山田さんです。
3　応答文で何を答えているかを見て，What, Who, Which を使い分ける。
4　(1)「私は中学生です。」→「あなたの職業は何ですか。」
(2)「あれは私の帽子です。」→「どれがあなたの帽子ですか。」

(3)「彼は私の友だちです。」→「彼はだれですか。」
(4)「田中先生は私の英語の先生です。」→「だれがあなたの英語の先生ですか。」
5　(1)「あの女性」を受けて「彼女は」が答えの文の主語となる。
(3)「あなたの名前は」とたずねられているので，答えの文の主語は「私の名前は」となる。

Who are you? — ~~You are~~ Yuki.
　　　　　　　　I am
「あなたは」とたずねられたとき，応答文は「私は」で文を始めます。「あなたは」としないように注意しましょう。

7　だれの本ですか・トムのものです

Step 1　解答　　　　　　　　　p.28 ～ p.29

1 (1) mine　(2) Whose, ours　(3) Whose, Bill's

2 (1) This book is yours.
　　(2) This camera is his.
　　(3) That doll is hers.
　　(4) That bike is Tom's.
　　(5) That bag is Jane's.
　　(6) This car is my father's.
　　(7) Whose is this ball?

3 (1) This is Tom's racket.　This racket is Tom's〔his〕.
　　(2) This is Mr. Smith's car.　This car is Mr. Smith's〔his〕.
　　(3) This is your camera.　This camera is yours.

解説　**2**　(1)「これはあなたの本です。」→「この本はあなたのものです。」
(2)「これは彼のカメラです。」→「このカメラは彼のものです。」
(3)「あれは彼女の人形です。」→「あの人形は彼女のものです。」
(4)「あれはトムの自転車です。」→「あの自転車はトムのものです。」
(5)「あれはジェーンのかばんです。」→「あのかばんはジェーンのものです。」

(6)「これは私の父の車です。」→「この車は私の父のものです。」

(7)「これはだれのボールですか。」→「このボールはだれのものですか。」

3 「これは〜の…です」「この…は〜のものです」という2種類の文を作る。

(1)「これはトムのラケットです。このラケットはトム〔彼〕のものです。」

(2)「これはスミスさんの車です。この車はスミスさん〔彼〕のものです。」

(3)「これはあなたのカメラです。このカメラはあなたのものです。」

📛 誤りに気をつけよう

「このボールはだれのものですか。」
Whose ~~ball~~ is this ball?
　　　↳不要

「この〜はだれのものですか。」「これはだれの〜ですか。」という2通りの言い方がありますが、「この〜はだれの〜ですか。」と繰り返す言い方は英語では好まれません。

Step 2　解答　　　　　p.30〜p.31

1 (1) It's Mary's pen.
(2) He's〔He is〕Paul's brother.
(3) It's Mike's desk.
(4) It's my sister's cake.

2 (1) hers　(2) Mike's　(3) his

3 (1) イ　(2) オ　(3) ウ　(4) ア

4 (1) This doll isn't mine.
(2) Whose is this computer?
(3) Is this violin yours?
(4) That lady is my sister's teacher.

5 (1) Mary's　(2) Whose　(3) this, Mike's

6 (1) This room is Mike's.
(2) Is this car Mr. Smith's?
(3) Whose is this ball〔Whose ball is this〕?
— It's〔It is〕my brother's.

解説 **1** 〜's を使って疑問文に答える。

(1)「これはだれのペンですか。」「それはメアリーのペンです。」

(2)「この男の子はだれのお兄さん〔弟〕ですか。」「彼は

ポールのお兄さん〔弟〕です。」

(3)「あれはだれの机ですか。」「それはマイクの机です。」

(4)「これはだれのケーキですか。」「それは私の姉〔妹〕のケーキです。」

2 (1)「これはだれの人形ですか。」「それは彼女のものです。」

(2)「このラケットはマイクのものですか。」「はい、そうです。」

(3)「あのノートはだれのものですか。」「それは彼のものです。」

3 (1)「これはあなたのトランペットですか。」「はい。それは私のものです。」

(2) 応答文に「私のものです。」とあることから、最も適切な選択肢は yours である。「この本はあなたのものですか。」「はい。それは私のものです。」

(3)「あれはあなたのお兄さん〔弟〕の自転車ですか。」「いいえ。それは彼のものではありません。それは私の姉〔妹〕のものです。」

(4)「この部屋はだれのものですか。」「それは私の父のものです。」

4 (1) my が不要。(2) my が不要。
(3) your が不要。(4) sister が不要。

5 (1)「あれはメアリーの人形ではありません。」=「あの人形はメアリーのものではありません。」

(2)「これはだれの腕時計ですか。」=「この腕時計はだれのものですか。」

(3) your book が前にあるので、Mike's book と言わずに Mike's「マイクのもの」とする。「この本はあなたのものですか、それともマイクのものですか。」=「これはあなたの本ですか、それともマイクのものですか。」

📛 誤りに気をつけよう

This book is ~~her~~.
　　　　　↳hers

日本語では「彼女のです」と言いますが、英語では her と hers を区別します。

Step 3　解答　　　　　p.32〜p.33

1 (1) your　(2) my, yours　(3) his
(4) Which, hers　(5) your sister's, hers

2 (1) Who, He (2) Who, She
(3) What, It's (4) your
(5) What, My (6) Which, mine
(7) What

3 (1) That glove is mine.
I am a good baseball player.
(2) That is a pretty dog.
Whose is it?
(3) What is his brother?
— He is a doctor.
(4) Is this your notebook or hers?
— It is mine.

4 (1) Who is she?
(2) Is it〔this, that〕Jane's notebook?
(3) Who is he?
(4) Whose hat is it〔this, that〕?

5 (1) What are you?
(2) Whose is this red bag?

6 (1) (例)am a good soccer player
(2) My father('s name)
(3) (例)is an English teacher / is a good tennis player
(4) my mother('s name)
(5) (例)is a good cook

解説 **1** (1)「これはあなたの腕時計ですか。」「はい。それは私のものです。」

(2)「あれは私の車ですか。」「いいえ。それはあなたのものではありません。」

(3)「これは彼の鳥ですか。」「いいえ。それは彼のものではありません。」

(4)「メアリーのノートはどちらですか。」「こちらが彼女のものです。」

(5)「この辞書はあなたのお姉さん〔妹〕のものですか。」「はい。それは彼女のものです。」

2 (1) A：健二とはだれですか。
B：彼は私の友だちです。

(2) A：あの背の高い婦人はだれですか。
B：彼女は私のおばです。

(3) 短縮形 It's を使う。
A：これは何ですか。
B：それはコンピュータです。

(4) mine と答えているから，疑問文に「あなたの〜で

すか」が含まれているとわかる。
A：これはあなたのかばんですか，それともあなたのお兄さん〔弟〕のものですか。
B：それは私のものです。

(5) A：あなたの名前は何ですか。
B：私の名前はトム・ジョーンズです。

(6) That is 〜 と答えているから「どちらが〜」とたずねられているとわかる。
A：どちらがあなたの犬ですか。
B：あれが私のものです。

(7) 職業・身分をたずねている。
A：あなたの身分は何ですか。
B：私は中学生です。

3 (1)「あのグローブは私のものです。私は野球が上手です。」

(2) a があるから a pretty dog となる。「あれはかわいい犬です。だれのものですか。」

(3)「彼のお兄さん〔弟〕の職業は何ですか。」「彼は医者です。」

(4) your と hers と or があるので「あなたのですか，それとも彼女のですか。」とたずねている文だと考えられる。「これはあなたのノートですか，それとも彼女のものですか。」「それは私のものです。」

4 (1)「彼女はジョーンズさんです。」→「彼女はだれですか。」

(2)「はい，そうです。ジェーンの（ノート）です。」→「それ〔これ，あれ〕はジェーンのノートですか。」

(3)「彼は私の兄〔弟〕です。」→「彼はだれですか。」

(4) Whose is this hat? などでもよい。「それはジェーンの（帽子）です。」→「それ〔これ，あれ〕はだれの帽子ですか。」

5 (2) Whose red bag is this? などでもよい。

6 (1) サッカーが上手であることを「ぼくは上手なサッカー選手です。」という文で表す。

(2) あとに is Yamada Taro. が続くので，主語は「ぼくのお父さんの名前は」であるとわかる。My father「ぼくのお父さんは」でもよい。

(3) お父さんについての文が続く。データから「彼は英語の先生です。」または「彼は上手なテニス選手です。」という文を作る。

(4) 主語が Yamada Hanako なので，my mother が続く。my mother's name でもよい。

(5) データにある「料理が上手」から，「彼女は上手な料理人です。」という文を作る。

《日本語訳》

　　ぼくの名前は山田健太です。ぼくは中学生です。ぼくはサッカーが上手です。ぼくのお父さん(の名前)は山田太郎です。彼は英語の先生です。(彼はテニスが上手です。)山田花子はぼくのお母さん(の名前)です。彼女は料理が上手です。

🏛 誤りに気をつけよう

Whose is ~~red that~~ bag?
　　　　　　↘ **that red**

形容詞が並ぶときには順番があります。**this** や **that** は形容詞よりも前に置きます。

8　それらは鳥です

Step 1　解答	p.34 〜 p.35

1 (1) girls　(2) cities　(3) watches

　　(4) wives　(5) songs　(6) buses　(7) leaves

　　(8) chairs　(9) boxes　(10) dishes

　　(11) babies　(12) children

2 (1) What are these?

　　— They are apples.

　　(2) What are those?

　　— They are cars.

　　(3) What are those?

　　— They are rackets.

3 (1) These are books.

　　(2) Those are houses.

　　(3) They are beautiful flowers.

　　(4) What are these?

4 (1) It, is　(2) They, are　(3) they, are

　　(4) They, are

解説　**1** (2)(11) 語尾が ty, by(子音字＋y)なので y を i にかえて es をつける。

(3)(6)(9)(10) 語尾が ch, s, x, sh なので es をつける。

(4) fe で終わっているから ves にかえる。

(7) f で終わっているから ves にかえる。

(12) child は不規則に変化する語で，複数形は children。

2 (1)「これらは何ですか。」「それらはりんごです。」

(2)「あれらは何ですか。」「それらは車です。」

(3)「あれらは何ですか。」「それらはラケットです。」

3 this の複数形は these，that の複数形は those，

---

it の複数形は they である。

(1)「これらは本です。」

(2)「あれらは家です。」

(3)「それらは美しい花です。」

(4)「これらは何ですか。」

4 (1) A：これは何ですか。

　　　B：それはりんごです。

(2) A：あれらは何ですか。

　　B：それらは卵です。

(3) A：これらはフランス人形ですか。

　　B：はい，そうです。

(4) A：これらはだれの本ですか。

　　B：それらはジェーンのです。

🏛 誤りに気をつけよう

These ~~is~~ my books.
　　　↘ **are**

these は this の複数形。それにともなって **be** 動詞が **is** から **are** にかわります。those や they の場合も同様に are にかわります。

Step 2　解答	p.36 〜 p.37

1 (1) What are those?

　　— They are three clocks.

　　(2) What are these?

　　— They are two cameras.

　　(3) What are these?

　　— They are four dogs.

　　(4) What are those?

　　— They are four cars.

2 (1) イ　(2) ア　(3) ウ　(4) ア　(5) ウ　(6) ウ

　　(7) イ　(8) ア　(9) イ

3 (1) are　(2) they　(3) boys

　　(4) dictionaries　(5) those

4 (1) Are those your brother's cars?〔Are those cars your brother's?〕

　　(2) These are Japanese words.

　　(3) These are not English dictionaries.

5 (1) Those flowers aren't〔are not〕 lilies. They're〔They are〕 roses.

　　(2) Are these your father's books?〔Are these books your father's?〕

(3) Are those boys junior high school students?
(4) Tom and Bob are good friends.
(5) Are these oranges or lemons?
(6) Whose are these pencils?〔Whose pencils are these?〕
— They're〔They are〕Kenta's.

解説 **1** What を使った複数形の主語の疑問文とその応答文を作る。
(1)「あれらは何ですか。」「それらは3個の置き時計です。」
(2)「これらは何ですか。」「それらは2台のカメラです。」
(3)「これらは何ですか。」「それらは4匹の犬です。」
(4)「あれらは何ですか。」「それらは4台の車です。」
2 (2)(4)(8) [k], [p] の音で終わっているので [s]。
(3)(5)(6) [s], [z], [tʃ] の音で終わっているので [iz]。
3 (1)「あれらはアメリカ人の野球選手たちです。」
(2)「これらはばらですか。」「はい，そうです。」
(3)「この男の子たちは中国出身です。」
(4)「これらはだれの辞書ですか。」
(5)「あの女の子たちはだれですか。」
4 (1) 日本文に「あれらは」とあるので，that を those にする。
(2) 日本文に「これらは」とあるので this を these にする。
(3) 日本文に「これらは」とあり，主語が複数形なので，dictionary も複数形の dictionaries にする。
5 主語が複数になると，be 動詞は are になり，その後ろにくる名詞も複数形になる。

■ 誤りに気をつけよう

Tom and Bob are good ~~friend~~.
→ **friends**
主語は「トムとボブ」で複数なので friend も複数形にしましょう。

9 私たちは学生です

Step 1 　解答　p.38〜p.39
1 (1) They (2) We (3) are (4) aren't
(5) You (6) They (7) sisters
2 (1) Mary and I are students.　We are students.
(2) Ann and Tom are friends.　They are friends.
(3) Jane and Bill are teachers.　They are teachers.
3 (1) カ (2) ア (3) ウ (4) イ (5) キ
4 (1) is, am, are
(2) Are, they, are

解説 **1** 主語が複数になれば，be 動詞もそれに合わせて are になる。主語に対応する名詞も複数形になる。
(1)「彼らは有名な歌手です。」
(2)「私たちは親友です。」
(3)「あなたとボブは学生です。」
(4)「私の友だちは先生ではありません。」
(5)「あなたたちはクラスメートです。」
(6)「彼らはサッカー選手です。」
(7)「唯と由紀は私の姉妹です。」
2 (1) Mary and I は I(私)を含む複数の人だから，We で受ける。「メアリーと私は学生です。私たちは学生です。」
(2) Ann and Tom は I(私)と you(あなた)を含まない複数の人だから，They で受ける。「アンとトムは友だちです。彼らは友だちです。」
(3)「ジェーンとビルは先生です。彼らは先生です。」
3 (1)「あなたたちは兄弟ですか。」「いいえ，そうではありません。」
(2)「あれらは何ですか。」「それらは風船です。」
(3) 主語が We で，brothers か friends かを選んで答えているものを選ぶ。「あなたたちは兄弟ですか，それとも友だちですか。」「私たちは友だちです。」
(4)「トムとボブは兄弟ですか，それとも友だちですか。」「彼らは友だちです。」
(5)「ジェーンとナンシーは親友ですか。」「はい，そうです。」
4 (1)「トムは音楽家です。私も音楽家です。私たちは音楽家です。」
(2)「トムとメアリーは友だちですか。」「はい，そうです。」

■ 誤りに気をつけよう

Mary and I are students.

They are friends.
　↘**We**
　I(私)を含む複数形は we(私たち)で表します。
Mary だけを見て They としないように注意しましょう。

---

1 (1) Tom and Rick are my brothers.
　(2) Your sister and I are friends.
　(3) They are my pets.
2 (1) They are American boys.
　(2) Are Ann and Jane high school students?
　(3) What are you〔your jobs〕?
　(4) Who are they?
3 (1) they　(2) They　(3) We　(4) they
4 (1) Are Tom and Mike good friends?
　(2) Who are those girls?
　(3) What are their jobs?
　(4) These girls are American students.
　(5) They are my friends.
　(6) Our English teachers are Mr. Yano and Mr. Smith.
5 (1) Yes, they　(2) planes, They
　(3) Are, they, are

解説　**1** (1)「トムとリックは私の兄弟です。」
(2)「あなたのお姉さん〔妹〕と私は友だちです。」
(3)「それらは私のペットです。」
2 (1) 主語だけでなく boy も複数形になり，be動詞も are を使う。「彼らはアメリカ人の男の子です。」
(2)「アンとジェーンは高校生ですか。」
(3)「あなたたちの職業は何ですか。」
(4) 人について「だれ」とたずねる文。「彼らはだれですか。」
3 (1)「彼らは忙しいですか。」
(2) Mr. and Mrs. Black は「ブラック夫妻」で複数だから They になる。「彼らは医者です。」
(3)「私たちは科学者です。」
(4) the boys は「その男の子たち」で複数だから they になる。「彼らはだれですか。」
4 (1) Tom and Mike が主語。Tom と Mike は入れかえてもよい。
(6) Mr. Yano と Mr. Smith は入れかえてもよい。

---

5 (1)「Jane と Mary は〜ですか」とたずねられているので，応答文は「彼女らは」になる。
　A：ジェーンとメアリーは姉妹ですか。
　B：はい，そうです。
(2) A：あれらは鳥ですか，それとも飛行機ですか。
　B：それらは飛行機です。
(3) A：あなたの両親は先生ですか。
　B：はい，そうです。

☎ **誤りに気をつけよう**

You are a̸ students.
　　　↘不要
　主語が単数の文を複数の文に書きかえるとき，複数形の名詞に a，an をつけないよう注意しましょう。

---

1 (1) dogs　(2) these　(3) boxes　(4) those
　(5) wolves　(6) classes　(7) they
　(8) dishes　(9) countries　(10) buses
2 (1) ⓐ Are　ⓑ we
　(2) ⓐ Are　ⓑ They　ⓒ are
　(3) ⓐ pictures　ⓑ they
　(4) ⓐ Are　ⓑ we　ⓒ are
3 (1) These are cameras.
　They are good cameras.
　(2) Those aren't tulips.
　They are lilies.
　(3) What are these?
　— They are albums.
　(4) What are those?
　— They are boxes.
　(5) Are these bikes or motorbikes?
　— They are bikes.
4 (1) Tom and Bob are my cousins.
　(2) Are these boys your classmates?
　(3) Whose are these cats?
　— They are mine.
　(4) Those tall girls are basketball players.
5 (1) Are Tom and Nancy your friends?
　(2) These dogs are from America.
　— They're〔They are〕pretty〔cute〕.

(3) Mr. and Mrs. Smith are my parents' friends.

(4) I'm〔I am〕a teacher.
You're〔You are〕teachers, too.

(5) These are two hamburgers and three juices.

(6) Basketball and baseball are very popular sports.

解説 **2** (1) you and Mr. Brown とたずねているので，応答文は we になる。「あなたたちとブラウンさんは親友ですか。」「はい，そうです。」

(2) Tom and Bob に対応するのは they。「トムとボブはアメリカ人ですか。」「いいえ。彼らはオーストラリア人です。」

(3)「これらはあなたの写真ですか。」「はい，そうです。」

(4) 自分たちのことを答えているので，応答文は we になる。「あなたたちは日本人の学生ですか。」「はい，そうです。」

3 (1)「これはカメラです。それはよいカメラです。」→「これらはカメラです。それらはよいカメラです。」

(2)「あれはチューリップではありません。それはゆりです。」→「あれらはチューリップではありません。それらはゆりです。」

(3)「これは何ですか。」「それはアルバムです。」→「これらは何ですか。」「それらはアルバムです。」

(4)「あれは何ですか。」「それは箱です。」→「あれらは何ですか。」「それらは箱です。」

(5)「これは自転車ですか，それともオートバイですか。」「それは自転車です。」→「これらは自転車ですか，それともオートバイですか。」「それらは自転車です。」

5 (3) parent =「親」の複数形 parents =「両親」の所有格は，語尾の s のあとにアポストロフィー(')をつける。

⚠ 誤りに気をつけよう

「私の両親の友だち」
my ~~parents's~~ friends
　　　　parents'
複数形の名詞の所有格は，語尾の s のあとにアポストロフィー(')をつけます。

---

10 サッカーが好きです

Step 1 解答　　　　　　　　　　　p.44～p.45

1 (1) play　(2) are　(3) like　(4) don't
(5) watch　(6) am　(7) eat

2 (1) I play the piano.
(2) I like apples.
(3) I speak English.

3 (1) Do you know Mr. Yamada?
— Yes, I do.
(2) Do you study French?
— No, I don't〔do not〕.
(3) Do you wash your car?
— Yes, I do.
(4) Do they live in Osaka?
— No, they don't〔do not〕.

4 (1) あなた(たち)は英語が好きですか。
(2) 私はあなた(たち)のお父さんを知りません。

解説 **1** (1) 動作を表す語が入る。「私はテニスをします。」

(2) They = my students だから are が入る。「彼らは私の生徒です。」

(3) Do で始まっているから一般動詞の疑問文。「あなたは日本人形が好きですか。」

(4) 一般動詞 play があるので，否定文は don't を使う。「あなたは野球をしません。」

(5)「私たちはテレビを見ます。」

(6)「私は奈良出身ではありません。」

(7)「彼らはオレンジを食べます。」

2 (1)〈play the ＋楽器〉＝「楽器をひく」「私はピアノをひきます。」

(2)「私はりんごが好きです。」

(3)〈speak ＋言語〉で「～を話す」の意味。「私は英語を話します。」

3 (1)「あなたは山田さんを知っていますか。」「はい，知っています。」

(2)「あなたはフランス語を勉強しますか。」「いいえ，しません。」

(3)「あなたはあなたの車を洗いますか。」「はい，洗います。」

(4)「彼らは大阪に住んでいますか。」「いいえ，住んでいません。」

A̶r̶e̶ you like English?
 ↘ **Do**

　like「〜が好きである」は一般動詞です。ふ
つうは１つの文の中で一般動詞とbe動詞はい
っしょに使わないので注意しましょう。

Step 2　解答　　　　　　p.46〜p.47

1 (1) am　(2) do　(3) want
2 (1) Do you study science? / You don't(do not) study science.
(2) Do they play baseball in the park? / They don't(do not) play baseball in the park.
(3) Do you need a CD player? / You don't(do not) need a CD player.
3 (1) Do you play the guitar?
(2) Do you clean your room?
(3) Do they play baseball every day?
(4) Do you know those English songs?
(5) I don't use this dictionary.
4 (1) like　(2) have
(3) Do, speak　(4) don't, know
5 (1) I have a(one) dog and three cats.
(2) Do you know those boys?
— Yes, I do.
(3) I speak English. I don't speak Japanese.
(4) Do they use this camera?
— No, they don't(do not).

解説　**1**　(1) A：あなたはアメリカ人の男の子です
　　　　　か。
　　　　B：はい、そうです。
(2) A：あなたは牛乳が好きですか。
　　B：はい、好きです。
(3) A：あなたは牛乳が欲しいですか、それとも紅茶が
　　　　欲しいですか。
　　B：私は牛乳が欲しいです。
2　一般動詞の疑問文はDoで始め、否定文では動詞
　の前にdon't(do not)を置く。
(1)「あなたは理科を勉強します。」→「あなたは理科を勉
　強しますか。」/「あなたは理科を勉強しません。」
(2)「彼らは公園で野球をします。」→「彼らは公園で野球

をしますか。」/「彼らは公園で野球をしません。」
(3)「あなたはCDプレーヤーが必要です。」→「あなた
　はCDプレーヤーが必要ですか。」/「あなたはCD
　プレーヤーが必要ではありません。」
3　(1)「あなたはギターをひきますか。」
(2)「あなたはあなたの部屋を掃除しますか。」
(3)「彼らは毎日、野球をしますか。」
(4)「あなたはあれらの英語の歌を知っていますか。」
(5)「私はこの辞書を使いません。」
5　(4) 主語theyの前にDoを置いて疑問文を作る。

Do you know t̶h̶a̶t̶ boys?
 ↘ **those**

　日本語が「あの男の子たち」でも、英語では
複数形のboysに合わせて「あれらの」という
意味のthoseを使います。

11　彼はテニスをします

Step 1　解答　　　　　　p.48〜p.49

1 (1) Does　(2) doesn't　(3) has　(4) Do
(5) walk　(6) doesn't　(7) Does
2 (1) likes　(2) has　(3) studies
(4) teaches　(5) goes
3 (1) Does Mary like roses?
— No, she doesn't(does not).
(2) Does your brother like dogs?
— No, he doesn't(does not).
(3) Does your sister like dolls?
— Yes, she does.
4 (1) Tom sings very well.
(2) Does Bob want a new bike?
(3) Jane doesn't(does not) watch TV after dinner.

解説　**1**　主語が３人称単数のとき、疑問文では主
語の前にDoesを置き、否定文では動詞の前に
doesn't(does not)を置く。
(1)「ジョーンズさんは英語を教えますか。」
(2)「ルーシーは日本語を話しません。」
(3) haveは主語が３人称単数のときhasになる。「マ
　イクは小さなねこを飼っています。」
(4)「あなたは英語を話しますか。」

14

(5)「彼らは学校に歩いて行きます。」

(6)「私の父はギターをひきません。」

(7)「その犬はそのねこが好きですか。」

2 (1)「マイクはテニスが好きです。」

(2)「彼は犬を飼っています。」

(3) study は語尾が〈子音字＋y〉なので y を i にかえて es をつける。「マイクは毎日，フランス語を勉強します。」

(4) teach は語尾が ch なので es をつける。「スミスさんは理科を教えています。」

(5) go は語尾が o なので es をつける。「メアリーは 10 時に寝ます。」

3 主語が 3 人称単数の一般動詞の疑問文に対する応答文では does や doesn't〔does not〕を使う。

(1)「メアリーはばらが好きですか。」「いいえ，好きではありません。」

(2)「あなたのお兄さん〔弟〕は犬が好きですか。」「いいえ，好きではありません。」

(3)「あなたのお姉さん〔妹〕は人形が好きですか。」「はい，好きです。」

4 (1) 主語が 3 人称単数にかわるので，一般動詞の語尾に s をつける。「あなたはとても上手に歌います。」→「トムはとても上手に歌います。」

(2)「ボブは新しい自転車を欲しがっています。」→「ボブは新しい自転車を欲しがっていますか。」

(3)「ジェーンは夕食後にテレビを見ます。」→「ジェーンは夕食後にテレビを見ません。」

🙅 **誤りに気をつけよう**

Does he ~~likes~~ tennis?
　　　↳ **like**
He doesn't ~~likes~~ tennis.
　　　　↳ **like**
　一般動詞の疑問文・否定文では動詞は**原形**になります。

| Step 2 | 解答 | p.50 ～ p.51 |

1 (1) Do, play　(2) speaks　(3) don't, like
　　(4) loves

2 (1) Tom plays tennis.　He doesn't play soccer.
　　(2) Ann has (two) apples.　She doesn't have (two) oranges.

---

(3) Miki wants a bag.　She doesn't want a cap.

3 (1) don't, play　(2) Does, speak
　　(3) Do, play　(4) teaches, English
　　(5) Does, use　(6) doesn't, goes
　　(7) doesn't, does〔cooks, makes〕
　　(8) Do, run

4 (1) Your mother has a violin〔violins〕.
　　(2) Does he play the drums after school?
　　(3) Tom wants a new computer.
　　(4) My father doesn't〔does not〕like music very much.

解説 **1** (1)(3) 主語が複数のとき疑問文は Do で始め，否定文には don't を使う。

(2)(4) 主語が 3 人称単数なので動詞に s をつける。

2 (1)「トムはテニスをします。彼はサッカーをしません。」

(2)「アンは（2 つの）リンゴを持っています。彼女は（2 つの）オレンジを持っていません。」

(3)「美紀はかばんを欲しがっています。彼女は帽子を欲しがっていません。」

3 (3) 主語は「あなたのお兄さんたち」なので複数。

4 (2)〈play ＋ the ＋楽器〉＝「楽器を演奏する」

🙅 **誤りに気をつけよう**

~~Does~~ your brothers play tennis every day?
　↳ **Do**
　主語の your brothers は複数です。複数形を表す s を見落とさないように注意しましょう。

12　私は彼女を愛しています

| Step 1 | 解答 | p.52 ～ p.53 |

1 (1) her　(2) him　(3) them　(4) He
　　(5) it　(6) them

2 (1) him　(2) your　(3) her　(4) Our
　　(5) us

3 (1) I know Mary.　I know her.
　　(2) I know Mr. White.　I know him.
　　(3) I know your sister.　I know her.

4 (1) him　(2) her　(3) them　(4) it

解説 **1** (1)「私はあなたのお母さんを知っています。」

(2) Mr. White は 1 人の男性なので him。「あなたはホワイトさんを知っていますか。」

(3) grapes は 3 人称複数なので them。「あなたはブドウが好きですか。」

(4)「あなたのお父さんはマイクを知りません。」

(5) math は人ではなく，単数扱いなので it。「私は数学が好きではありません。」

(6)「私は父と母が大好きです。」

2 (1)「私は彼を知りません。」

(2) 後ろに名詞の name が続くので所有格にする。「あなたの名前は何ですか。」

(3)「あなたは彼女が好きですか。」

(4) 後ろに名詞の teacher が続くので所有格にする。「私たちの先生はとても親切です。」

(5)「ブラウン先生は私たちのことがとても好きです。」

3 (1)「私はメアリーを知っています。私は彼女を知っています。」

(2)「私はホワイトさんを知っています。私は彼を知っています。」

(3)「私はあなたのお姉さん〔妹〕を知っています。私は彼女を知っています。」

4 (1) 前置詞に続く代名詞は目的格になる。「あなたはあの男性を知っていますか。」「はい。私は彼といっしょに働いています。」

(2)「私はフレッドの奥さんを知りません。あなたは彼女を知っていますか。」

(3)「私は犬が好きではありません。私はそれらがこわいです。」

(4)「これはあなたのためのプレゼントです。気に入っていますか。」

🏛 誤りに気をつけよう

I work with he.
↳ **him**

前置詞の後ろに代名詞がくるときは目的格になります。

| Step 2 | 解答 | p.54 ～ p.55 |

1 (1) you　(2) they, their　(3) We, her
　(4) He, them　(5) I, They　(6) She, it
　(7) They

2 (1) This is Nancy. I know her.

(2) These are Tom and Bob. I like them.

(3) This is my mother. I help her.

(4) This is Mr. Jones. I remember him.

3 （下線部が補った語）

(1) I play tennis with her on Sunday.

(2) Paul does not like them very much.

(3) Tom is very kind to us.

4 (1) He, them　(2) He, them
　(3) She, him　(4) She, them
　(5) We, him

5 (1) Our teacher is Ms. Green. I love her.

(2) Do you know us?
— Yes, I〔we〕do.

解説　**1**　(1) A：あなたは私を知っていますか。

　B：はい，知っています。私はあなたをとてもよく知っています。

(2) A：マイクとジェーンは学生ですか。

　B：はい，そうです。山田先生が彼らの先生です。

(3) A：あなたとあなたのお姉さん〔妹〕はあなたのお母さんを手伝いますか。

　B：はい。私たちは彼女をとてもよく手伝います。

(4) A：マイクは彼の友だちとサッカーをしますか。

　B：はい。彼はよく彼らとサッカーをします。

(5)「ホワイト先生」と呼びかけているので，you ＝ Mr. White だとわかる。

　A：あなたはマイクとボブを知っていますか，ホワイト先生。

　B：はい，知っています。彼らは私の生徒です。

(6) A：メアリーはピアノをひきますか。

　B：はい。彼女はとても上手にそれをひきます。

(7) A：あなたの姉妹は中学生ですか。

　B：いいえ。彼女らは高校生です。

2 (1)「こちらはナンシーです。私は彼女を知っています。」

(2)「こちらはトムとボブです。私は彼らが好きです。」

(3)「こちらは私の母です。私は彼女を手伝います。」

(4)「こちらはジョーンズさんです。私は彼を覚えています。」

3 (1)(3) 前置詞の後ろに代名詞の目的格を補う。

(1) with ＝「～と」

(2) 動詞の後ろに代名詞の目的格を補う。

(3) be kind to ～＝「～に親切である」

4 (1)「フレッドはりんごがとても好きです。」

(2)「私の兄〔弟〕はこちらの男の子たちを気に入っています。」

(3) John は前置詞の後ろにあるので目的格に置きかえる。「あなたのお姉さん〔妹〕はジョンに手紙を書きます。」

(4)「メアリーのお母さんはぶどうがとても好きです。」

(5)「あなたと私はスミスさんをとてもよく知っています。」

5 (1) Ms. Green は女性なので her に置きかえる。2文目は I like her very much. でもよい。

🚨 誤りに気をつけよう

Do you play soccer? — Yes, I ~~play.~~
　　　　　　　　　　　　　↳ **play it**

　日本語では「サッカーをしますか。」「はい, します。」で通じますが, 英語では「何を」の部分をはっきり言います。

Step 3　解答　　　　　　　　p.56 〜 p.57

1 (1) Tom likes baseball.

(2) Mary knows you very well.

(3) Does Nancy read Japanese books?

(4) Do they play tennis after school?

(5) My father doesn't〔does not〕read English newspapers.

2 (1) Does, he　(2) me　(3) them

(4) it　(5) she, her　(6) them

(7) We, them　(8) us, you

(9) you, do　(10) It, starts

3 (下線部が補った語)

(1) Do you play baseball with them?

(2) Tomoko has four English classes every week.

(3) Jane gets up at six every morning.

4 (1) Mary walks to school.

(2) Keita plays soccer well.

(3) My father teaches English.

5 (例) This〔This girl〕is Jane Brown.　She's〔She is〕from America.　She's〔She is〕thirteen (years old).　She likes tennis.

解説 1 (1)「私たちは野球が好きです。」→「トムは野球が好きです。」

(2)「メアリーはあなたと太郎をとてもよく知っています。」→「メアリーはあなたたちをとてもよく知っています。」

(3)「ナンシーは日本語の本を読みます。」→「ナンシーは日本語の本を読みますか。」

(4)「彼は放課後, テニスをします。」→「彼らは放課後, テニスをしますか。」

(5)「私の父は英語の新聞を読みます。」→「私の父は英語の新聞を読みません。」

2 (1)「あなたのお兄さん〔弟〕はあなたが好きですか。」「はい, 好きです。」

(2)「私はメアリーが大好きです。彼女も私が大好きです。」

(3)「あなたはトムとボブを知っていますか。」「はい。私は彼らをとてもよく知っています。」

(4)「これはあなたのかばんですか。」「はい。私はそれをとても気に入っています。」

(5)「ナンシーはテニスが好きですか。」「はい, 好きです。私はよく彼女といっしょにテニスをします。」

(6)「私たちの先生たちはおもしろい本をたくさん持っています。彼らは私たちのためにそれらを読みます。」

(7)「あなたとボブはクラシックとジャズが好きですか。」「はい。私たちはそれらがとても好きです。」

(8)「私たちはトムが好きです。彼も私たちが好きですか。」「はい。彼もあなたたちが好きです。」

(9)「あなたたちは学校で英語を勉強しますか。」「はい, します。」

(10)「あなたの学校は 8 時 30 分に始まりますか。」「いいえ。8 時 40 分に始まります。」

3 (2)「英語の授業がある」は「英語の授業を持っている」と考える。

4 (2) Keita is a good soccer player., (3) My father is an English teacher. でも意味は通じるが,「動詞を使って」という条件を忘れないで書くこと。

5 She likes tennis. は Her favorite sport is tennis. でもよい。favorite =「お気に入りの」

《例文の日本語訳》

　こちらはジェーン・ブラウンです。彼女はアメリカ出身です。彼女は 13 歳です。彼女はテニスが好きです。

Keita plays soccer ~~good~~.
　　　　　　　　　↘ **well**

「上手に」の意味を表すのは well。good を使うなら Keita is a good soccer player. とします。

13 私は泳げます

Step 1　解答　　　　　　　　p.58〜p.59

1 (1) I can play the violin.

(2) My mother can drive a car.

(3) We can make *okonomiyaki*.

2 (1) Mike can't speak Japanese.

(2) Ken can't run very fast.

3 (1) Can you ski?

(2) Can Tom play tennis?

(3) Can they skate?

(4) Can you play baseball?

4 (1) Can your sister play the piano?

(2) Your father can't〔cannot〕ski very well.

(3) Tom can't〔cannot〕sing English songs.

(4) Aya can use this bike.

解説 **1** (1)「私はバイオリンをひきます。」→「私はバイオリンをひくことができます。」

(2) can の後ろは動詞の原形になるので，drives を drive にする。「私の母は車を運転します。」→「私の母は車を運転することができます。」

(3)「私たちはお好み焼きを作ります。」→「私たちはお好み焼きを作ることができます。」

2 (1) speaks は原形の speak になる。「マイクは日本語を話します。」→「マイクは日本語を話せません。」

(2)「健はとても速く走ります。」→「健はあまり速く走れません。」

3 主語が何であっても，can のあとに続く動詞は原形となる。

(1)「あなたはスキーができますか。」

(2)「トムはテニスができますか。」

(3)「彼らはスケートができますか。」

(4)「あなた(たち)は野球ができますか。」

4 (1) can を使った疑問文は can を主語の前に置く。「あなたのお姉さん〔妹〕はピアノをひくことができ

ます。」→「あなたのお姉さん〔妹〕はピアノをひくことができますか。」

(2)「あなたのお父さんはとても上手にスキーをします。」→「あなたのお父さんはあまり上手にスキーをすることができません。」

(3)「トムは英語の歌を歌うことができます。」→「トムは英語の歌を歌うことができません。」

(4)「彩はこの自転車を使います。」→「彩はこの自転車を使うことができます。」

Tom can ~~sings~~ English songs.
　　　　　　　↘ **sing**

can の後ろには動詞の原形がきます。

Step 2　解答　　　　　　　　p.60〜p.61

1 (1) use　(2) speak　(3) play

2 (1) Can James eat *natto*?

— No, he can't〔cannot〕.

(2) Can Miki play the guitar?

— Yes, she can.

(3) Can Kenta run fast?

— No, he can't〔cannot〕.

(4) Can Mr. Kato use a computer?

— Yes, he can.

3 (1) セイジは英語の本を読むことができます。

(2) あなたは英語で手紙を書くことができますか。— はい，できます。

(3) 私は車を運転することができません。

(4) 私はフルートをふく〔演奏する〕ことができません。

4 (1) can't〔cannot〕, swim　(2) Can, get

(3) can, play　(4) Can, play, soccer

(5) Can, buy

5 (1) Can your father read English magazines〔an English magazine〕?

(2) I can skate, but I can't〔cannot〕ski.

(3) They can't〔cannot〕play baseball here.

解説 **1** 主語が３人称単数でも，can がある文では動詞は原形になる。

(1)「マイクはこのコンピュータを使うことができま

(2)「トムはフランス語を上手に話すことができますか。」

(3)「ジェーンはピアノをひくことができません。」

2 (1)「ジェームズは納豆を食べることができますか。」「いいえ，できません。」

(2)「美紀はギターをひくことができますか。」「はい，できます。」

(3)「健太は速く走ることができますか。」「いいえ，できません。」

(4)「加藤さんはコンピュータを使うことができますか。」「はい，できます。」

5 (2)「～が」とあるので，but を使う。

誤りに気をつけよう

What ~~we can~~ buy in this shop?
　　　　can we

　疑問詞で始まる疑問文は，〈疑問詞＋疑問文の語順～ ?〉。can を使った文も例外ではありません。

14　窓を開けなさい

Step 1　解答　　　　　　　　p.62 ～ p.63

1 (1) Study English hard.
(2) Use this pen.
(3) Be quiet here.

2 (1) Let's play〔practice〕baseball.
(2) Let's play〔practice〕basketball.
(3) Let's play〔practice〕football.
(4) Let's skate.

3 (1) Don't open the textbook.
(2) Don't read this story.
(3) Don't speak fast.

4 (1) Please play the piano〔Play the piano, please〕.
(2) Please speak slowly〔Speak slowly, please〕.
(3) Please come to my house〔Come to my house, please〕.

解説 **1** 命令文には主語がなく，動詞の原形で文を始める。

(1)「あなたは英語を一生懸命勉強します。」→「英語を一生懸命勉強しなさい。」

(2)「あなたはこのペンを使います。」→「このペンを使いなさい。」

(3)「あなたはここでは静かです。」→「ここでは静かにしなさい。」

2 〈Let's ＋動詞の原形～.〉の形を使って「～しましょう。」の文を作る。

(1)「野球をし〔練習し〕ましょう。」

(2)「バスケットボールをし〔練習し〕ましょう。」

(3)「フットボールをし〔練習し〕ましょう。」

(4)「スケートをしましょう。」

3 「～してはいけません」という文は〈Don't ＋動詞の原形～.〉の形を使う。

(1)「あなたは教科書を開きます。」→「教科書を開いてはいけません。」

(2)「あなたはこの物語を読みます。」→「この物語を読んではいけません。」

(3)「あなたは速く話します。」→「速く話してはいけません。」

4 「どうか～してください」という文は please を使う。please は文頭に置いても文末に置いてもよい。

(1)「あなたはピアノをひきます。」→「どうかピアノをひいてください。」

(2)「あなたはゆっくり話します。」→「どうかゆっくり話してください。」

(3)「あなたは私の家に来ます。」→「どうか私の家に来てください。」

誤りに気をつけよう

「英語を勉強しなさい。」
~~You~~ Study English.
　　不要

　命令文に主語は必要ありません。動詞の原形で文を始めることを覚えておきましょう。

Step 2　解答　　　　　　　　p.64 ～ p.65

1 (1) Read　(2) Please　(3) Don't　(4) Let's
(5) Be

2 (1) Don't play soccer in the park.
(2) Get up at seven, Tom〔Tom, get up at seven〕.
(3) Please play the organ〔Play the organ,

please].

(4) Let's watch TV after dinner.

(5) Let's go to the library after school.

(6) Don't be shy.

3 (1) Don't run in the classroom.

(2) Let's play tennis after school.

(3) Please sing an English song for

(4) Kenta, study English hard every

(5) me with my homework, please

4 (1) Please play the piano〔Play the piano, please〕.

(2) Let's play tennis.

(3) Go to bed at ten, Mike〔Mike, go to bed at ten〕.

(4) Let's go out of the classroom and play soccer.

(5) Be a good boy.

解説 **2** (1) 禁止の命令文には Don't を使う。「あなたは公園でサッカーをします。」→「公園でサッカーをしてはいけません。」

(2)「トムは 7 時に起きます。」→「7 時に起きなさい，トム。〔トム，7 時に起きなさい。〕」

(3) ていねいな命令文なので please を使う。「あなたはオルガンをひきます。」→「どうかオルガンをひいてください。」

(4) Let's を使う。「私たちは夕食後にテレビを見ます。」→「夕食後にテレビを見ましょう。」

(5)「私たちは放課後に図書館へ行きます。」→「放課後に図書館へ行きましょう。」

(6)「あなたは恥ずかしがり屋です。」→「恥(は)ずかしがってはいけません。」

4 (4) go out of the classroom「教室から出る」と play soccer「サッカーをする」を and でつなぐ。

📛 誤りに気をつけよう

「トム，7 時に起きなさい。」

Tom ‿ get up at seven.

, (コンマ)を入れる

呼びかけなのか文の主語なのかをはっきりさせましょう。

---

1 (1) Can　(2) Don't　(3) Please　(4) Can

(5) Don't

2 (1) Can, read　(2) listen, to

(3) can, see　(4) Let's, watch, let's

3 (1) Write your telephone number here.

(2) Be kind to old people.

(3) Let's swim in the river.

(4) Please help me in the kitchen〔Help me in the kitchen, please〕.

(5) She can speak four languages.

4 (1) He can run very fast.

(2) Your sister cannot speak French.

(3) Don't play the violin here.

(4) Let's go to the park.

5 (1) ⓐ he　ⓑ can't〔cannot〕

(2) ⓐ Let's　ⓑ not

(3) ⓐ Can　ⓑ we

(4) please　(5) open

6 (1) Can I〔we, you〕see Mt. Fuji from here?

(2) Don't use this pen.

(3) I can make a speech in English.

解説 **1** (1) 応答文が Yes, he can. だから Can の疑問文。「トムはピアノをとても上手にひくことができますか。」「はい，できます。」

(2)「授業中に日本語を話してはいけません。」

(3)「私を助けてください。」

(4)「彼は上手にスキーをすることができますか。」

(5)「速く歩いてはいけません，トム。」

2 (2) listen to ～ =「～を聞く」

(4) Let's ～. とさそわれて断るときは，ふつう No, let's not. と答える。

3 (1)「あなたはここにあなたの電話番号を書きます。」→「ここにあなたの電話番号を書きなさい。」

(2) are の原形は be。「あなたはお年寄りに親切です。」→「お年寄りに親切にしなさい。」

(3)「私たちは川で泳ぎます。」→「川で泳ぎましょう。」

(4)「あなたは私を台所で手伝います。」→「どうか台所で私を手伝ってください。」

(5) can を主語の後ろに置き，speaks を原形の speak にする。「彼女は 4 か国語を話します。」→「彼女は 4 か国語を話すことができます。」

4 (1)「彼はとても速く走ることができます。」

(2)「あなたのお姉さん〔妹〕はフランス語を話すことができません。」

(3)「ここでバイオリンをひいてはいけません。」

(4)「公園へ行きましょう。」

5 (1)「山田さんは英語で手紙を書くことができますか。」「いいえ，できません。」

(2)「図書館へ行きましょう。」「いや，よしましょう。私は忙しいです。」

(3) you and Bob でたずねているから，応答文は we になる。「あなたとボブはバイオリンをひくことができますか。」「はい，できます。」

(4)「マイク，立ってください。」「わかりました。」

(5)「この部屋は暑いです。窓を開けてください。」

🔔 誤りに気をつけよう

~~Are~~ kind to old people.
↳ **Be**

be 動詞の原形は **be**。〈主語＋be 動詞〜〉の文を命令文に書きかえるときは，am，are，is をそのまま書かないように注意しましょう。

---

15 何を持っていますか

Step 1 解答 　　　　　　　　p.68 〜 p.69

1 (1) Who　(2) What〔Which〕　(3) Which
　　(4) What〔Which〕　(5) Who　(6) Who

2 (1) Who plays〔practices〕the piano?
　　— Jane does.
　　(2) Who has the〔a〕dog? — Ken does.
　　(3) Who washes the〔a〕car? — I do.

3 (1) What are these?
　　(2) Who likes soccer?
　　(3) What do you have in your hand?

4 (1) Which is your
　　(2) Which car is
　　(3) Which boy is your brother?

解説 **1** (1) 応答文で人について答えているので，「だれ」とたずねる文にする。「彼はだれですか。」「彼はスミスさんです。」

(2) 応答文で色について答えているので，「何色ですか」とたずねる文にする。「彼の目は何色ですか。」「それらは青色です。」

---

(3) English or French という２択の疑問文。「どちらの〜」とたずねる文にする。「あなたは英語とフランス語のどちらの言語を勉強しますか。」「英語を勉強します。」

(4)「あなたは何の〔どの〕スポーツが好きですか。」「私はサッカーが好きです。」

(5)「だれがあなたのお姉さん〔妹〕ですか。」「恵(めぐみ)です。」

(6)「だれがスペイン語を話しますか。」「ジョージです。」

2 主語が Who になるとき，一般動詞には s や es をつける。

(1)「だれがピアノをひき〔練習し〕ますか。」「ジェーンです。」

(2)「だれが犬を飼っていますか。」「健です。」

(3)「だれが車を洗いますか。」「私です。」

3 答えになる語句が，ものなら what，人なら who を使う。

(1)「これらは鳥です。」→「これらは何ですか。」

(2)「マイクはサッカーが好きです。」→「だれがサッカーが好きですか。」

(3)「私は手に電話を持っています。」→「あなたは手に何を持っているのですか。」

🔔 誤りに気をつけよう

Who ~~does play~~ the piano?
↳ **plays**

「だれが〜しますか」という文では Who が主語になり，〈Who ＋一般動詞〜?〉の語順になります。who は３人称単数として扱うので動詞の語尾には s や es をつけます。

Step 2 解答 　　　　　　　　p.70 〜 p.71

1 (1) カ　(2) キ　(3) イ　(4) オ　(5) ア

2 (1) It's〔It is〕red.
　　(2) Mr. Suzuki does.
　　(3) She has a letter (in her hands).
　　(4) He is Ken.

3 (1) What color is your bike?
　　(2) Who is your homeroom teacher?
　　(3) Which dictionary is yours〔Which is your dictionary〕?
　　(4) Who cleans your room?
　　(5) What does Mike do after dinner?

4 (1) What do you have in your bag?

(2) Which girl is Jane?

— That tall girl is.

(3) Which car do you want?

— I want the red car〔one〕.

(4) Who helps your mother?

— Mika does.

(5) What do you do after school?

— I play tennis (after school).

(6) Who are those girls?

— They are my friends.

解説 **1** (1)「どちらの自転車がマイクのものです
か。」「こちらが彼のものです。」

(2)「あなたはどんな音楽が好きですか。」「私はジャズ
が好きです。」

(3) Who は 3 人称単数扱いだが，応答文の主語は単数
とは限らない。「だれが車を洗うのですか。」「健と
恵子です。」

(4)「あなたの数学の先生はだれですか。」「山本先生で
す。」

(5)「あなたは何をひきますか。」「私はバイオリンをひ
きます。」

2 (1)「あなたのかさは何色ですか。」「赤色です。」

(2)「だれが数学を教えますか。」「鈴木先生です。」

(3)「彼女は手に何を持っていますか。」「手紙です。」

(4)「この男の子はだれですか。」「彼は健です。」

3 (1)「私の自転車は赤色です。」→「あなたの自転車は
何色ですか。」

(2)「佐藤先生は私たちの担任の先生です。」→「あなたた
ちの担任の先生はだれですか。」

(3)「この辞書が私のものです。」→「どの辞書があなたの
ものですか。〔どれがあなたの辞書ですか。〕」

(4)〈Who ＋一般動詞～ ?〉の語順にする。「私のお母さ
んが私の部屋を掃除します。」→「だれがあなたの部
屋を掃除しますか。」

(5)「マイクは夕食後にテレビを見ます。」→「マイクは夕
食後に何をしますか。」

4 (3)「私は赤い車が欲しいです。」というように，日
本文にはないが，主語を補って英文を作る。

┌─── 🏠 **誤りに気をつけよう** ───┐

Which girl is Jane? — ~~A~~ tall girl is.
　　　　　　　　　　　↘**The**
└────────────────────────┘

目の前にいるもしくは話題になっている人を
指すので，答えるときは a ではなく the を使い
ます。

16　どこにいますか

Step 1　解答　　　　　　　　　　　p.72 ～ p.73

1 (1) Where is Lucy's pencil?

(2) Where does Tom live?

(3) Where is he?

(4) Where does Aya's dog run every day?

2 (1) When does Mary play〔practice〕tennis?

— She plays〔practices〕tennis〔it〕after school.

(2) When does Tom watch TV?

— He watches TV〔it〕after dinner.

(3) When does your sister play〔practice〕the
guitar? — She plays〔practices〕the guitar
〔it〕in the afternoon.

3 (1) How　(2) How, does　(3) By

4 (1) あなたは何匹の犬を飼っていますか。

(2) あなたのお母さんは何歳ですか。

(3) あなたの身長はどのくらいですか。

解説 **1**　Where を使って「場所」をたずねる疑
問文を作る。

(1)「ルーシーのえんぴつは私の机の上にあります。」→
「ルーシーのえんぴつはどこにありますか。」

(2)「トムはイングランドに住んでいます。」→「トムは
どこに住んでいますか。」

(3)「彼は図書館にいます。」→「彼はどこにいますか。」

(4)「彩の犬は毎日，公園で走ります。」→「彩の犬は毎日，
どこで走りますか。」

2　When を使って「いつ～しますか」という疑問文
を作る。

(1)「メアリーはいつテニスをし〔練習し〕ますか。」「彼
女は放課後にテニス〔それ〕をし〔練習し〕ます。」

(2)「トムはいつテレビを見ますか。」「彼は夕食後にテ
レビ〔それ〕を見ます。」

(3)「あなたのお姉さん〔妹〕はいつギターをひき〔練習
し〕ますか。」「彼女は午後にギター〔それ〕をひき〔練
習し〕ます。」

4 (1)〈How many ＋名詞の複数形～ ?〉＝「いくつの～」

(2) How old ～ ? ＝「何歳～」

(3) How tall ～ ? ＝「（身長が）どのくらい～」

誤りに気をつけよう

Where ~~Tom lives~~?
　　　↳does Tom live

　Where，How，When などの疑問詞を使った一般動詞の疑問文では，〈疑問詞＋一般動詞の疑問文 ～?〉の語順になります。

| Step 2 | 解答 | p.74 ～ p.75 |

1 (1) エ　(2) イ　(3) エ　(4) イ

2 (1) Where do you have lunch?
　(2) When do you play football?
　(3) Where is Tom's racket?
　(4) How does she go to school?
　(5) Where do you live?

3 (1) How tall is your sister?
　(2) Where does your mother buy vegetables?
　(3) Where is Mike's classroom?
　(4) How long is this pool?

4 (1) Where is your school?
　— It's〔It is〕on the〔a〕hill.
　(2) How old is he?
　— He's〔He is〕fifteen (years old).
　(3) When does he read (books)?
　— He reads (them) after dinner.
　(4) Where is Hanako's house?
　— It's〔It is〕near my house.
　(5) When is your birthday?
　— It's〔It is〕November (the) third.

解説　**1** (1)「いつ」を答えているので疑問詞は When。
　A：冬休みはいつ始まりますか。
　B：12 月に始まります。
(2) 場所を答えているので疑問詞は Where。
　A：スミスさんはどこにいますか。
　B：彼は図書館にいます。
(3) 数を答えているので How many の文。
　A：あなたには何人の兄弟がいますか。
　B：私には 2 人の兄弟がいます。
(4) 場所を答えているので疑問詞は Where。
　A：あなたはどこで本を読みますか。

2 (1)「私たちは教室で昼食を食べます。」→「あなたたちはどこで昼食を食べますか。」
(2)「私たちは冬にフットボールをします。」→「あなたたちはいつフットボールをしますか。」
(3)「それは〔トムのラケットは〕彼の部屋にあります。」→「トムのラケットはどこにありますか。」
(4)「彼女は自転車で学校へ行きます。」→「彼女はどのようにして学校へ行きますか。」
(5)「私は京都に住んでいます。」→「あなたはどこに住んでいますか。」

3 (1) 身長をたずねるのは How tall ～?。high が不要。
(2) at が不要。
(3)「ありますか」なので be 動詞の文。does が不要。
(4) 長さをたずねるのは How long ～?。tall が不要。

4 (5) 日付は〈月名（＋ the）＋序数〉で答える。

誤りに気をつけよう

How ~~tall~~ is this pool?
　　　↳long

　How はいろいろな形容詞と組み合わせて疑問文を作ることができます。**many** は人やものの数，**long** はものや期間の長さ，**tall** は背の高さをたずねるときに使います。

| Step 3 | 解答 | p.76 ～ p.77 |

1 (1) Which dog is yours〔Which is your dog〕?
　(2) What do you do after school?
　(3) When does your mother watch TV?
　(4) Where is the camera?
　(5) How long is the lesson?
　(6) How many children do you have?

2 (1) He's〔He is〕fifteen (years old).
　(2) It's〔It is〕October (the) tenth.
　(3) He has two (brothers).
　(4) He likes baseball.

3 (1) How, tall　(2) Whose
　(3) How, many, dogs〔pets〕　(4) When
　(5) What, flower　(6) What, color

4 (1) Where can I〔we〕see you
　(2) Paul が何かになったつもりで Mary の質

問に答え，Mary がそれを当てるという遊び。

(3) **ウ**

解説 **1** (1) 「その白い犬は私のものです。」→「どちらの犬があなたのですか。」

(2) 「私は放課後に野球をします。」→「あなたは放課後に何をしますか。」

(3) 「彼女〔私の母〕は昼食後にテレビを見ます。」→「あなたのお母さんはいつテレビを見ますか。」

(4) 「それ〔そのカメラ〕はピアノの上にあります。」→「そのカメラはどこにありますか。」

(5) 期間の長さは How long ～? でたずねる。「それ〔その授業〕は 50 分です。」→「その授業はどのくらいの長さですか。」

(6) child の複数形は children。「私には 1 人しか子どもがいません。」→「あなたには何人の子どもがいますか。」

2 (1) 「マイクは何歳ですか。」「彼は 15 歳です。」

(2) 日付は序数で表す。「マイクの誕生日はいつですか。」「10 月 10 日です。」

(3) 「マイクには何人の兄弟がいますか。」「彼には 2 人（の兄弟）います。」

(4) 「マイクは何のスポーツが好きですか。」「彼は野球が好きです。」

3 (1) 身長を答えているので How tall ～? の文。
　Ａ：あなたのお兄さん〔弟〕はどのくらいの背の高さですか。
　Ｂ：彼は 5 フィート 3 インチです。

(2) だれのものかを答えているので Whose ～? の文。
　Ａ：あれはだれの自転車ですか。
　Ｂ：それはジャックのものです。

(3) 数を答えているので How many ～? の文。
　Ａ：あなたは何匹の犬〔ペット〕を飼っていますか。
　Ｂ：私は 3 匹の犬を飼っています。

(4) いつサッカーをするかを答えているので When ～? の文。
　Ａ：あなたはいつ友だちとサッカーをしますか。
　Ｂ：私は放課後に彼らとそれをします。

(5) 何の花が好きか答えているので，〈What ＋名詞 ～?〉の文。
　Ａ：マイクはどんな種類の花が好きですか。
　Ｂ：彼はチューリップが好きです。

(6) 色を答えているので What color ～? の文。
　Ａ：あなたの車は何色ですか。

Ｂ：白です。

4 (1) 下線部の次の Paul の発言で場所について述べられているので，Where を使った疑問文とわかる。

(2) Paul の 3 番目の発言に Who am I? とあることからわかる。遊びの内容がつかめていればよい。

(3) 動物園にいて，昼間寝ていて，子どもを背負う動物は何か，選択肢の中から考える。

《日本語訳》
　ポール：ぼくはとても人気があります。
　メアリー：どこであなたを見ることができますか。
　ポール：動物園で見ることができます。
　メアリー：何か芸ができますか。
　ポール：いいえ，できません。昼間は寝ています。母親は赤ん坊を背負います。私はだれでしょう？
　メアリー：あなたはコアラです。

🔔 **誤りに気をつけよう**

「あなたはどんな色が好きですか。」
Which color do you like?
What color do you like?
　Which は目の前にいくつかものがあって，その中からどれを選ぶかという意味の語です。What にはそのような選択の意味はありません。状況に応じて which と what を使い分けましょう。

会 話 表 現 **1**

解答　　　　　　　　　　　p.78 ～ p.79

1 (1) エ　(2) イ　(3) ア
2 (1) How, are　(2) See
　(3) welcome　(4) much
3 (1) morning　(2) afternoon
　(3) evening　(4) night
4 (1) これはあなたの自転車ですよね。
　(2) すてきなメッセージをありがとう。
　(3) はじめまして。〔お会いできてうれしいです。〕
　(4) さようなら。
5 (1) I'm sorry, but I can't go.
　(2) Excuse me, but where is the station?
　(3) You know Mark, right?

解説 **1** (1) Bの「こちらこそはじめまして。」か
ら，AとBは初対面のあいさつをしていることがわ
かる。**ア**「すてきな1日を過ごしてください。」，**イ**
「私はすてきな時間を過ごします。」，**ウ**「あなたは
すてきです。」は不適切。

A：こんにちは，私はアレックス・ホワイトです。
B：こんにちは，私は竹田美波です。
A：はじめまして。
B：こちらこそはじめまして。

(2) 続く対話の内容から，「あなたはブラウンさんです
か。」とたずねるために声をかけていると考える。
ア「静かにしなさい。」，**ウ**「私はあの男性を知って
います。」，**エ**「それはいいですね。」は不適切。

A：すみません。あなたはブラウンさんですか。
B：いいえ，そうではありません。あの男性がブラ
ウンさんです。

(3) Aが注意していることから，「ごめんなさい。」と謝
っていると考える。**イ**「ありがとう。」，**ウ**「また
ね。」，**エ**「私に話しかけなさい。」は不適切。

A：図書室ではおしゃべりしてはいけません，ケイ
ト。
B：ごめんなさい。

2 (1) A：今日は元気ですか。
　　　B：元気です，ありがとう。
(2) A：さようなら，マーク。
　　B：また明日会いましょう。
(3) A：あなたはいつも私に親切です。ありがとう。
　　B：どういたしまして。
(4) A：どうもありがとう。
　　B：どういたしまして。

3 (1) 午前中のあいさつ。
(2) 午後のあいさつ。
(3) 日没後のあいさつ。
(4) 就寝前や夜別れるときのあいさつ。

4 (1) 肯定文の文末に right? を置くと，「～ですよ
ね」と相手に念を押したり，確認したりする表現に
なる。
(2) Thank you for ～.＝「～をありがとう。」
(3) 初対面のあいさつ。
(4) 別れるときのあいさつ。

5 (1) 相手に申し訳のない気持ちを伝えるときは，
I'm sorry, but のあとに要件を伝える。
(2) 知らない人に話しかけるときは，Excuse me と先
に断ってから用件を伝える。

📢 **誤りに気をつけよう**

「ありがとうございました。」
~~Thanked~~ you.
　↳ **Thank**

　日本語では「ありがとうございました。」はよ
く使われる表現ですが，これを英語にしたとき
に過去形になるかというと，そうではありませ
ん。日本語に惑わされないようにしましょう。

17 何冊かの本

Step 1 　解答　　　　　　　p.80 ～ p.81

1 (以下，下線部がへの語)
(1) This is my old computer.
(2) Mike and Jane are good students.
(3) The small cat is cute.
(4) This is a beautiful picture.
(5) Mike's new shoes are very nice.

2 (1) any　(2) The　(3) an　(4) the　(5) the

3 (1) Do you have any (English) books?
— Yes, I do. I have some (English) books. /
No, I don't. I don't have any (English) books.
(2) Do you have any dogs?
— Yes, I do. I have some dogs. / No, I
don't. I don't have any dogs.
(3) Do you have any ten-yen coins?
— Yes, I do. I have some ten-yen coins. /
No, I don't. I don't have any ten-yen coins.

解説 **1** (1)「これは私の古いコンピュータです。」
(2)「マイクとジェーンはよい生徒です。」
(3)「その小さなねこはかわいい。」
(4)「これは美しい写真です。」
(5)「マイクの新しいくつはとてもすてきです。」
2 (1) sisters は複数形で，疑問文なので any が適切。
「あなたにはお姉さん〔妹〕がいますか。」
(2) 前に出ているものを指しているので park に the を
つける。「これは公園です。その公園はとても大き
いです。」
(3) test は単数形で，English は母音で始まるので an
が適切。「私たちは今日，英語のテストがありま
す。」
(4) どこの床かはっきりわかるものを指しているので

25

the が適切。「その床に座ってはいけません。汚れています。」

(5) どこの台所かはっきりわかるものを指しているので the が適切。「ジャックはどこですか。」「台所にいます。」

3 複数形の名詞を使って「いくつかの〜」という意味を表すとき，肯定文では some，疑問文・否定文では any を使う。

(1)「あなたは(英語の)本を持っていますか。」「はい，持っています。私は何冊かの(英語の)本を持っています。」「いいえ，持っていません。私は1冊も(英語の)本を持っていません。」

(2)「あなたは犬を飼っていますか。」「はい，飼っています。私は何匹かの犬を飼っています。」「いいえ，飼っていません。私は1匹も犬を飼っていません。」

(3)「あなたは10円玉を持っていますか。」「はい，持っています。私は何枚か10円玉を持っています。」「いいえ，持っていません。私は1枚も10円玉を持っていません。」

誤りに気をつけよう

This is new bike.
　　　　↖
　　　　　a

名詞の前に形容詞が入っても，名詞が単数形の場合はその前に **a** や **an** が必要です。

Step 2　解答　　　　　　　p.82 〜 p.83

1 (1) a, a, The, The　(2) the
　　(3) a, the, the　(4) an, the

2 (1) This building is tall.
　　(2) Do you have any English newspapers?
　　(3) I have an interesting picture.

3 (1) old　(2) an, easy　(3) a, good

4 (1) She does not have any textbooks in her bag.
　　(2) I have a radio. It is an old radio.
　　(3) She has a bike. The bike is new.
　　(4) That tall lady is my teacher. She is very kind.

5 (1) Do you have any friends in America〔the U.S.〕?
　　(2) I have a〔one〕dog and two cats. The dog

---

is brown and the cats are white.

(3) My mother has an old watch. This is the watch.

(4) This is a good〔nice〕bag. But I don't like the color.

解説 **1** (1) 2回目に出てくる名詞には the をつける。「私は犬とねこを飼っています。犬は若いです。ねこは年をとっています。」

(2) an は garden が母音で始まらないのでつけられない。「庭にゆりが何本かあります。」

(3)「壁」はその部屋の壁なので the をつける。「色」はその壁の色ではっきりしたものなので the をつける。「これはすてきな部屋ですが，私は壁の色が気に入りません。」

(4) old house は一般的な古いものを指して言っている。old は母音で始まるので，an をつける。station は母音で始まらないので an ではなく，the をつける。「私たちは駅の近くの古い家に住んでいます。それは私の学校から2マイルのところにあります。」

2 (1)「これは高い建物です。」→「この建物は高い。」

(2) Yes, I do. で答えているので Do you 〜? の疑問文。「はい。私はいくつかの英語の新聞を持っています。」→「あなたはいくつかの英語の新聞を持っていますか。」

(3) interesting は母音の発音で始まるので an がつく。「私は写真を持っています。」→「私はおもしろい写真を持っています。」

3 (1)「トムとメアリーは若くありません。」=「トムとメアリーは年をとっています。」

(2) easy は母音の発音で始まるので an がつく。「この本は簡単です。」=「これは簡単な本です。」

(3)「彼女はテニスを上手にします。」=「彼女は上手なテニス選手です。」

4 (1) some が不要。

(2)「古いラジオ」は一般的なものを指すので an をつける。the が不要。

(3)「その自転車」なので The bike とする。it が不要。

(4) a が不要。

5 (2) 前に出てきたものを指すときは the をつける。

(4)「色が気に入らない。」=「私は(そのかばんの)色が好きではない。」で，特定のものの色を指すので the color とする。its color や the color of the bag などとしてもよい。

誤りに気をつけよう

I have a̶ interesting picture.
　　　↘ **an**

　a や an は次にくる語が母音の発音で始まるかどうかで使い分けます。picture につけるなら a ですが，この場合次にくる語は interesting なので an をつけます。

18 何時に起きますか

Step 1　解答　　　　　　　　　　p.84 〜 p.85

1（下線部が∧の語句）

(1) I <u>usually</u> play soccer after school.

(2) I like baseball <u>very much</u>.

(3) My sister can skate <u>well</u>.

(4) I <u>sometimes</u> listen to the radio.

(5) That shop is <u>always</u> open.

2 (1) at　(2) at　(3) on　(4) in　(5) in

(6) by　(7) at　(8) in　(9) in　(10) by

3 (1) What time do you eat〔have〕breakfast?

― I eat〔have〕breakfast at seven.

(2) What time do you go to school?

― I go to school at eight.

(3) What time do you eat〔have〕lunch?

― I eat〔have〕lunch at twelve〔noon〕.

(4) What time do you go to bed?

― I go to bed at ten.

解説　**1**　always, usually, often, sometimes などの副詞は一般動詞の前，be 動詞の後ろに置かれることが多い。very は形容詞・副詞の前，well〔much, hard〕などは〈動詞＋目的語〉の後ろに置く。

(1)「私はたいてい放課後にサッカーをします。」

(2)「私は野球がとても好きです。」

(3)「私の姉〔妹〕は上手にスケートをすることができます。」

(4)「私はときどきラジオを聞きます。」

(5)「あの店はいつも開いています。」

2　〈at ＋時刻〉，〈in ＋季節・月・午前・午後〉，〈on ＋曜日〉，〈at ＋（比較的狭い）場所〉，〈in ＋（比較的広い）場所〉のようになることが多い。

(1)「私は 6 時に起きます。」

(2)「私は正午に昼食を食べます。」

(3)「彼は日曜日に何をしますか。」

(4)「冬はとても寒い。」

(5)「あなたは夕方に何をしますか。」

(6)「私は自転車で学校へ行きます。」

(7)「私は学校で英語を勉強します。」

(8)「8 月はとても暑い。」

(9)「私たちはカナダで英語とフランス語を話します。」

(10)「私は電車で仕事に行きます。」

3　(1)「あなたは何時に朝食を食べますか。」「私は 7 時に朝食を食べます。」

(2) go to school「学校へ行く」は leave home「家を出発する」でもよい。「あなたは何時に学校へ行きますか。」「私は 8 時に学校へ行きます。」

(3)「あなたは何時に昼食を食べますか。」「私は 12 時〔正午〕に昼食を食べます。」

(4)「あなたは何時に寝ますか。」「私は 10 時に寝ます。」

誤りに気をつけよう

I <u>usually don't</u> watch TV.
　　　↘ **don't usually**

　否定文のときも，usually などの副詞は**一般動詞の前**に置かれます。

Step 2　解答　　　　　　　　　　p.86 〜 p.87

1 (1) very, fast　(2) plays, well

(3) plays, very, well　(4) is, speaks, well

2 (1) Ken usually goes〔comes〕to school by bike.

(2) Jane sometimes plays〔practices〕the piano.

(3) This shop is always open.

3 (1) play soccer very well

(2) that man very well

(3) these cats very much

(4) does Mike usually come home

4 (1) I sometimes study in the library.

(2) When do they play football?

(3) What's〔What is〕the date today?

(4) What time does your English class begin?

5 (1) My father usually goes to bed at eleven (o'clock).

(2) Let's play baseball in the park after school.

(3) What time do you come to school?

(4) What do you do on Sunday(s)?

解説 **1** (1) fast は形容詞としても副詞としても使われる。「彼はとても速いランナーです。」＝「彼はとても速く走ります。」

(2)「彼女は上手なピアニストです。」＝「彼女は上手にピアノをひきます。」

(3)「トムはとても上手なテニス選手です。」＝「トムはとても上手にテニスをします。」

(4)「太郎は上手な英語の話し手です。」＝「太郎は上手に英語を話します。」

2 (1)「健はたいてい自転車で学校へ行き〔来〕ます。」

(2)「ジェーンはときどきピアノをひき〔練習し〕ます。」

(3)「この店はいつも開いています。」

3 (1)「健はとても上手にサッカーをすることができます。」

(2) very well で「とてもよく」の意味。「私はあの男性をとてもよく知っています。」

(3)「彼女はこれらのねこがとても好きです。」

(4)「マイクはたいてい何時に家に帰りますか。」

🏠 誤りに気をつけよう

My father usually go to bed at eleven.
　　　　　　　　↘ goes
　副詞が動詞の前に入っても動詞の形には影響しません。

Step 3 解答　　　　　　　　　p.88 ～ p.89

1 (1) in　(2) What, day　(3) What, on

(4) is, it　(5) When

2 (下線部が誤りを正した箇所)

(1) I don't have <u>any</u> friends in England.

(2) Mr. Yamada is <u>always</u> late for the meeting.

(3) I have a cat.　<u>The</u> cat〔<u>It</u>, <u>My</u> cat〕 is white.

(4) Tomoko speaks English very <u>well</u>.

(5) <u>What</u> time do you usually have lunch?

— I have lunch at eleven.

3 (下線部が補った語)

(1) The days are long <u>in</u>

(2) We have a lot of rain <u>in</u> June.

(3) What time is <u>it</u> by your watch?

(4) Is it cold <u>in</u> August in

(5) What do you usually have <u>for</u> breakfast 〔What <u>time</u> do you usually have breakfast〕?

4 (1) get up　(2) usually walk to

(3) sometimes play tennis with my friend(s)

(4) do my homework after dinner

(5) watch TV at ten (o'clock) on

5 (1) Does Miki have any dogs in her house?

(2) What time do you leave school every day?

(3) We have thirty days in November.

(4) What do they do in America〔the U.S.〕 on July (the) fourth?

解説 **1** (1)「2 月にはたくさんの雪が降ります。」

(2)「今日は何曜日ですか。」「火曜日です。」

(3)「あなたは日曜日に何をしますか。」「いつも友だちと外出します。」

(4)「何時ですか。」「私の腕時計では 1 時 15 分です。」

(5)「あなたはふだん，いつピアノの練習をしますか。」「夕食後に練習します。」

2 (1) 否定文なので some ではなく any を使う。「私はイングランドに 1 人も友だちがいません。」

(2) always は be 動詞の後ろに置く。「山田さんはいつも会議に遅刻します。」

(3) 2 回目に出てくる名詞には The をつける。It や My cat と言いかえてもよい。「私はねこを飼っています。そのねこ〔それ，私のねこ〕は白いです。」

(4)「とても上手に」は very well。「友子はとても上手に英語を話します。」

(5) at eleven と答えているので What time ～? の文にする。「あなたはふだん何時に昼食を食べますか。」「11 時に食べます。」

3 (1) この day は「昼間」の意味。「夏は日が長い。」

(2)「6 月には雨が多い。」

(3)「何時ですか」は主語を it にする。「あなたの腕時計では何時ですか。」

(4)「オーストラリアでは 8 月は寒いですか。」

(5) for breakfast＝「朝食に」「あなたはふだん朝食に何を食べますか。」

4 表を見ながら，綾子がいつ何をしているのかを順に追っていこう。

《日本語訳》
　　私は綾子です。私は 6 時 30 分に起きます。私は 7 時に朝食を食べます。私は 7 時 30 分に家を出発します。私はたいてい歩いて学校へ行きます。放課後，私はときどき友だちとテニスをします。私は 7 時に夕食を食べます。夕食後に私は宿題をします。土曜日には夜 10 時にテレビを見ます。私は 11 時に寝ます。

5 (1)「(疑問文で)いくらか」＝ any を忘れないこと。

(3) この we は一般の人たちを指す。November has thirty days. でもよい。

┌─── 🚨 誤りに気をつけよう ───┐

「あなたはいつ寝ますか。」
When do you go to bed?
　↳ What time
　具体的な時刻をたずねるのは When ではなく What time。日本語ではどちらも「いつ」と訳せるので注意しましょう。

└──────────────────┘

19　今ピアノをひいています

Step 1　解答	p.90 ～ p.91

1 (1) walking　(2) washing
　(3) studying　(4) making　(5) writing
　(6) sitting　(7) calling　(8) smiling
　(9) beginning　(10) crying

2 (1) Mary is running now.
　(2) Ann is playing〔practicing〕 the piano now.
　(3) Bob and Jane are playing〔practicing〕 tennis now.

3 (1) am, eating　(2) is, reading
　(3) are, skating

4 (1) Are, am　(2) Is, isn't
　(3) Where, are

解説　1 (1)(2)(3)(7)(10) 語尾にそのまま ing をつける。

(4)(5)(8) e で終わる語は，語尾の e をとって ing をつける。

(6)(9) 語尾の子音字を重ねて ing をつける。

2 (1) 主語が Mary なので be 動詞は is。run の ing 形は語尾の n を重ねて ing をつける。「メアリーは今，走っています。」

(2) 主語が Ann なので be 動詞は is。「アンは今，ピアノをひいて〔練習して〕います。」

(3) 主語が Bob and Jane なので be 動詞は are。「ボブとジェーンは今，テニスをして〔練習して〕います。」

3 現在進行形は〈be 動詞＋～ing〉の形。be 動詞は主語に合わせる。

(1)「私は夕食を食べます。」→「私は今，夕食を食べています。」

(2)「彼は新聞を読みます。」→「彼は今，新聞を読んでいます。」

(3)「彼らはスケートをします。」→「彼らは今，スケートをしています。」

4 現在進行形の疑問文は be 動詞の疑問文と同じで be 動詞を主語の前に置く。否定文は be 動詞の後ろに not が入る。

(1)「あなたは自転車で学校に来ていますか。」「はい，来ています。」

(2) 答えの文は，解答欄の数から is not の短縮形 isn't が入る。「メアリーは今，テレビを見ていますか。」「いいえ。彼女は今，テレビを見ていません。」

(3) 疑問詞を使った疑問文では〈疑問詞＋現在進行形の疑問文～?〉の語順になる。「あなたはどこへ行くところですか。」「私は祖父の家に行くところです。」

┌─── 🚨 誤りに気をつけよう ───┐

He reading a book.
　↳ is
　現在進行形は〈be 動詞＋～ing〉の形で表します。ing 形だけに注意をひかれて be 動詞を忘れないようにしましょう。

└──────────────────┘

Step 2　解答	p.92 ～ p.93

1 (1) She's〔She is〕 cleaning the kitchen.
　(2) No, she isn't〔is not〕.
　(3) He's〔He is〕 swimming in the sea.

2 (1) I'm〔I am〕 washing the dishes.
　(2) She isn't〔is not〕 playing the violin.
　(3) Is he playing tennis?

3 (1) is, driving　(2) Who, is, reading

　(3) is, raining　(4) is, singing

4 (1) My sister is making supper.

　(2) Who is talking with my mother

　(3) Where are my children playing

　(4) How many boys are swimming in the pool?

5 (1) He's〔He is〕writing a letter.

　(2) What are you reading?

　(3) Who is singing (a song) in the bathroom?

　(4) I can't〔cannot〕talk with you.　I'm〔I am〕studying.

解説 **1** (1)「あなたのお母さんは何をしていますか。」「彼女は台所を掃除しています。」

(2)「美紀はケーキを作っていますか。」「いいえ，作っていません。」

(3)「ポールはどこで泳いでいますか。」「彼は海で泳いでいます。」

2 (1) 主語が I なので be 動詞は am。wash に ing をつけて washing とする。「私は食器を洗っています。」

(2) 主語が She なので be 動詞は is。play に ing をつけて playing とする。否定文なので is not か isn't にする。「彼女はバイオリンをひいていません。」

(3) 主語が he なので be 動詞は is。疑問文なので be 動詞を主語の前に置く。「彼はテニスをしていますか。」

3 (2)「だれが～していますか」なので，who を主語にした疑問文にする。

(4) Someone は 3 人称単数扱いなので be 動詞は is。

4 (1) is があるので，make を ing 形にする。「私の姉〔妹〕は夕食を作っています。」

(2) 主語が who なので，be を is にかえる。「だれが今，私の母と話しているのですか。」Who is my mother talking with「私の母はだれと話しているのですか」としてもよい。

(3) 主語が my children なので，be を are にかえる。「私の子どもたちは今，どこで遊んでいるのですか。」

(4) are があるので，swim を ing 形にかえる。「何人の男の子がプールで泳いでいますか。」

🚨 誤りに気をつけよう

Does he swimming now?

↳ **Is**

現在進行形の疑問文では be 動詞を使います。〈be 動詞＋主語＋～ ing…?〉の語順です。

Step 3　解答　　　　　p.94 ～ p.95

1 (1) is singing　(2) is swimming

　(3) is watching　(4) practicing

　(5) making

2 (1) going　(2) Who, is

　(3) Are, are, playing　(4) many, are

3 (1) We aren't〔are not〕listening to music now.

　(2) Are Mike and Takashi studying English?

　(3) What is Jane doing?

　(4) How many boys are studying in the library?

4 (1)（誤）doesn't listen

　→（正）isn't〔is not〕listening

　(2)（誤）I'm knowing →（正）I know

　(3)（誤）I'm liking →（正）I like

　(4)（誤）use →（正）am using

　(5)（誤）is →（正）are

5 (1) is running　(2) is sitting on

　(3) is talking with　(4) is taking

解説 **1** (1)「聞いて。」と言った瞬間のことなので現在進行形の文にする。また someone は 3 人称単数扱いなので be 動詞は is を使う。「聞いて。　だれかが英語の歌を歌っています。」

(2) 現在進行形の文でたずねられているので現在進行形の文で答える。「彼女は何をしているのですか。」「彼女はプールで泳いでいます。」

(3) now があるので現在進行形の文にする。Keiko は 3 人称単数なので be 動詞は is を使う。「恵子は今，居間でテレビを見ています。」

(4) 前に be 動詞 are があることから，疑問詞 where を使った現在進行形の疑問文。「あなたはどこでギターの練習をしていますか。」「私の部屋です。」

(5) 疑問詞 what を使った現在進行形の疑問文。応答文から，台所で何を作っているのかをたずねていると

わかる。「あなたのお母さんは台所で何を作っているのですか。」「クッキーです。」

2 (1) A：あなたはどこへ行くところですか。

B：私は図書館へ行くところです。

(2) 応答文で人を答えているので，Who を使った疑問文。

A：だれがあなたのお母さんを台所で手伝っていますか。

B：私の姉〔妹〕です。

(3) playing があるので現在進行形の疑問文。No. と答えたあとの文も現在進行形になる。

A：その女の子たちは今，バスケットボールをしていますか。

B：いいえ。彼女たちはテニスをしています。

(4) 数を答えていることから How many を使った疑問文にする。

A：何人の子どもたちが公園で遊んでいますか。

B：10 人の子どもたちがそこで遊んでいます。

3 (1) 現在進行形の否定文は be 動詞の後ろに not を置く。「私たちは今，音楽を聞いていません。」

(2) 現在進行形の疑問文は，be 動詞を主語の前に置く。「マイクと隆は英語を勉強していますか。」

(3) 下線部は「ケーキを食べている」なので，what を使って「何をしていますか」という疑問文にする。「ジェーンはケーキを食べています。」→「ジェーンは何をしていますか。」

(4) 数をたずねる疑問文にする。「3 人の男の子が図書館で勉強しています。」→「何人の男の子が図書館で勉強していますか。」

4 (1) now があるので現在進行形の否定文にする。「彼女はたいてい夕食後にラジオを聞きます。しかし今，彼女はラジオを聞いていません。」

(2) know ＝「～を知っている」は進行形にはならない。「私はスミスさんのことをたいへんよく知っています。」

(3) like ＝「～が好きである」は進行形にはならない。「光はいい歌手です。私は彼女が好きです。」

(4) now があるので現在進行形の文にする。「私は今，このコンピュータを使っています。しかしあなたはあとでそれを使うことができます。」

(5) 主語が複数なので is を are にする。「恵子とマークは本を読んでいます。」

5 《日本語訳》

(1) 「ジェーンは走っています。」

(2) 「健はベンチに座っています。」

(3) 「美紀はナンシーと話しています。」

(4) 「正人は写真をとっています。」

🔔 **誤りに気をつけよう**

I ~~am knowing~~ you.
↘ **know**

状態を表す動詞は進行形にはできないので注意しましょう。ほかに like「～が好きである」や have「～を持っている」も同様です。

---

20 私は昨日野球をしました

| Step 1 | 解答 | p.96 ～ p.97 |

1 (1) walked (2) visited (3) stopped
(4) went (5) cried (6) made (7) hoped
(8) got (9) wanted (10) broke (11) listened
(12) took

2 (1) I watched TV yesterday.
(2) Jane studied math yesterday.
(3) Tom helped his mother yesterday.

3 (1) Did you live in Tokyo two years ago?
(2) Did Tom get up late this morning?
(3) Did Bob and Jane play the piano after dinner?

4 (1) He didn't〔did not〕cry in the classroom.
(2) My father didn't〔did not〕take a walk in the park.
(3) My friends didn't〔did not〕come to my house yesterday.

解説 **1** (4) (6) (8) (10) (12) 不規則動詞。

2 (1)「私は昨日，テレビを見ました。」

(2)「ジェーンは昨日，数学を勉強しました。」

(3)「トムは昨日，彼のお母さんを手伝いました。」

3 一般動詞の過去形の疑問文は〈Did ＋主語＋動詞の原形～ ?〉の形。

(1)「あなたは 2 年前，東京に住んでいましたか。」

(2) 主語が 3 人称単数であっても，疑問文は Did で始める。「トムは今朝，遅く起きましたか。」

(3) 主語が複数であっても，疑問文は Did で始める。「ボブとジェーンは夕食後にピアノをひきましたか。」

4 一般動詞の過去の否定文は動詞の原形の前に didn't〔did not〕を置く。

(1) 主語が 3 人称単数のときも動詞の前に didn't〔did not〕を置く。「彼は教室で泣きませんでした。」

(2) 「私の父は公園を散歩しませんでした。」

(3) 「私の友だちは昨日，私の家に来ませんでした。」

⚠ 誤りに気をつけよう

Did you ~~lived~~ in Tokyo two years ago?
↳ **live**

一般動詞の過去の疑問文は〈**Did ＋主語＋動詞の原形～ ?**〉の形で表します。動詞を過去形にしないように注意しましょう。

Step 2　解答　　　　　　　　　p.98 ～ p.99

1 (1) walked・ア　(2) wanted・ウ
　　(3) stayed・イ　(4) listened・イ
　　(5) visited・ウ　(6) watched・ア
　　(7) liked・ア　(8) laughed・ア
　　(9) stopped・ア　(10) talked・ア

2 (1) He played〔practiced〕soccer yesterday.
　　(2) She went to school yesterday.
　　(3) She took a picture〔pictures〕(of flowers, of tulips) yesterday.

3 (1) Did, visited　(2) didn't
　　(3) Where, did, saw
　　(4) Did, didn't, lived

4 (1) What did her brother do at the party?
　　(2) When did you use this computer?
　　(3) What time did you finish your homework?
　　(4) Who cooked dinner yesterday?
　　(5) What did the teacher drop on his foot?

5 (1) I loved her ten years ago.
　　(2) I played chess with my father after dinner yesterday.
　　(3) What subject did you study yesterday?
　　(4) When did Keita come home?
　　(5) Who ate〔had〕that cake last night?

解説　**2**　(1) 「ボブは昨日，何をしましたか。」「彼は昨日，サッカーをし〔練習し〕ました。」

(2) go の過去形は went。「さおりは昨日，どこへ行き

ましたか。」「彼女は昨日，学校へ行きました。」

(3) take a picture〔pictures〕＝「写真をとる」 take の過去形は took。「彼女は昨日，何をしましたか。」「彼女は昨日，（花の，チューリップの）写真をとりました。」

3　(1) 応答文で did を使って答えているので過去の文とわかる。「あなたはスミスさんを訪ねましたか。」「はい，訪ねました。私はこの前の金曜日に彼を訪ねました。」

(2) 「私は母を手伝いましたが，私の姉〔妹〕は手伝いませんでした。」

(3) 「由香はこの前の日曜日，どこで私を見たのですか。」「彼女は博物館であなたを見ました。」

(4) 「リックは 2 年前に日本に住んでいましたか。」「いいえ，住んでいませんでした。彼はオーストラリアに住んでいました。」

4　(1) what を使って「何をしましたか」という疑問文にする。「彼女のお兄さん〔弟〕はパーティーで何をしましたか。」

(2) when を使って「いつ」という疑問文にする。「いつあなたはこのコンピュータを使いましたか。」

(3) what time を使って「何時に」という疑問文にする。「何時にあなたは宿題を終えましたか。」

(4) who を使って「だれが」という疑問文にする。「だれが昨日，夕食を作りましたか。」

(5) what を使って「何を」という疑問文にする。「その先生は足の上に何を落としましたか。」

5　(5) who を主語にした過去の疑問文。

⚠ 誤りに気をつけよう

Who ~~eats~~ that cake last night?
↳ **ate**

Who が主語の疑問文では〈**Who ＋動詞～ ?**〉の語順にします。過去の疑問文の場合は，Who の後ろに動詞の過去形が続きます。

Step 3　解答　　　　　　　　p.100 ～ p.101

1 (1) left　(2) come　(3) began　(4) played

2 (1) Ms. Miller lived alone in a small house.
　　(2) What did he want?
　　(3) Ann didn't〔did not〕eat *sushi* with her family last night.

3 （下線部が補った語）

(1) How <u>did</u> you know his address?

(2) He <u>didn't</u> buy any books at the store.

(3) We <u>had</u>〔held, gave〕 a birthday party for Helen

4 (1) ① went　② arrived　③ played

(2) ⑦彼らは 30 分間そのまわりを歩きました。

⑦ After dinner(,) they went to bed very early〔They went to bed very early after dinner〕.

5 ① seven thirty　② ate〔had〕breakfast

③ studied English　④ lunch

⑤ watched TV and played tennis

⑥ did her homework

解説 **1** (1) last year「昨年」とあるので過去の文。「私は昨年，アメリカに向けて日本を出発しました。」

(2) last Saturday があるので過去の文。didn't があり，否定文なので動詞は原形のまま。「友子はこの前の土曜日パーティーに来ませんでした。」

(3) yesterday があるので過去の文。begin =「始まる」の過去形は began。「コンサートは昨日の夜 7 時に始まりました。」

(4) yesterday があるので過去の文。「賢治は昨日の放課後，ジョンとテニスをしました。」

2 (1)「ミラーさんは小さな家に 1 人で住んでいました。」

(2)「彼は新しい辞書を欲しがっていました。」→「彼は何を欲しがっていましたか。」

(3)「アンは昨夜，家族とすしを食べませんでした。」

3 (1)「どのように～しましたか」は〈How +一般動詞の過去の疑問文～?〉の語順。did が不足。

(2) 一般動詞の過去の否定文は動詞の原形の前に didn't を置く。didn't が不足。

(3)「パーティーを開く」= have〔hold, give〕a party 過去の文なので動詞を過去形にして補う。

4 (1) ① go on a picnic =「ピクニックに行く」

③ play badminton =「バドミントンをする」

(2) ⑦ half an hour =「30 分」

《日本語訳》

　この前の日曜日，山田さんは彼の子どもたちといっしょにピクニックに行きました。彼らは午前 9 時に出発しました。彼らは 10 時 30 分に湖に到着し，

30 分間そのまわりを歩きました。ついに彼らは花園に到着しました。たくさんの花がありました。彼らはベンチに座り，昼食を食べました。昼食後，彼らはバドミントンをしました。山田さんは子どもたちの写真を何枚かとりました。

　彼らは午後 8 時に帰宅しました。夕食後，彼らはとても早く寝ました。彼らはとても楽しい時を過ごしました。

5 左の表を見ながら，久美が何時に何をしたのか読み取ろう。

《日本語訳》

　久美は 7 時 30 分に起きました。彼女は 8 時に朝食を食べました。彼女は午前中に英語を勉強しました。そして彼女は正午に昼食を食べました。彼女は午後にテレビを見て，テニスをしました。彼女は 6 時に夕食を食べました。そして彼女は 8 時に宿題をしました。

🔔 誤りに気をつけよう

What ~~he wanted~~?
　　　↘ **did he want**

　疑問詞を使った一般動詞の過去の疑問文では〈疑問詞＋ **did** ＋主語＋動詞の原形～ ?〉の語順になります。主語の前に did が入ることや動詞が原形になることを忘れないようにしましょう。

21　私は明日おじを訪ねるつもりです

Step 1　解答　　　　　　　p.102 〜 p.103

1 (1) We're〔We are〕going to go to Tokyo next week.

(2) Bob is going to get up early tomorrow morning.

(3) I'm〔I am〕going to have a party next Sunday.

(4) My sister is going to play the piano tomorrow.

2 (1) Yuri will play〔practice〕the piano tonight.

(2) They will play〔practice〕soccer after school.

(3) My father will wash his〔the〕car this weekend.

3 (1) I'm〔I am〕not going to visit my aunt.

(2) Kate isn't〔is not〕going to go shopping.

(3) We won't〔will not〕watch a soccer game on TV this evening.

4 (1) Is she going to study at home?

(2) Will Tom be twenty next year?

(3) Will they take their children to the park tomorrow?

解説 **1** 〈be going to ＋動詞の原形〉の形。

(1) 主語が We なので，be 動詞は are。

(2) 主語が Bob なので，be 動詞は is。be going to の後ろは動詞の原形なので，gets を get にする。

(3) 主語が I なので，be 動詞は am。

(4) 主語が My sister なので，be 動詞は is。be going to の後ろは動詞の原形なので，plays を play にする。

2 主語が何であっても，will のあとに続く動詞は原形となる。

(1) 「友里は今夜，ピアノをひく〔練習する〕つもりです。」

(2) 「彼らは放課後，サッカーをする〔練習する〕つもりです。」

(3) 「私の父は今週末，車を洗うつもりです。」

3 (1) be going to を使った否定文は，be 動詞の後ろに not を置くので，I'm の後ろに not を置く。「私はおばを訪ねるつもりはありません。」

(2) is の後ろに not を置く。「ケイトは買い物に行くつもりはありません。」

(3) will を使った否定文は，will の後ろに not を置く。「私たちは今晩，テレビでサッカーの試合を見るつもりはありません。」

4 (1) be going to を使った疑問文は，be 動詞を主語の前に置く。「彼女は家で勉強するつもりですか。」

(2) will を使った疑問文は，will を主語の前に置く。「トムは来年 20 歳になりますか。」

(3) 「彼らは明日，彼らの子どもたちを公園へ連れていくつもりですか。」

⚠ 誤りに気をつけよう

will ＋動詞の原形

Mark will plays tennis tomorrow.
→ **play**

will の後ろには**動詞の原形**がきます。

Step 2 解答 p.104 ～ p.105

1 (1) are (2) is (3) get (4) clean

(5) Is (6) won't (7) aren't

2 (1) They're〔They are〕going to study math.

(2) No, he won't〔will not〕.

(3) She'll〔She will〕go to bed at ten.

3 (1) aren't (2) she, will

(3) What, going, do (4) It, will, be

4 (1) will, be〔become〕 (2) won't, help

(3) Are, sing (4) How, go〔get〕

5 (1) I'll〔I will〕visit Osaka next week. 〔I'm〔I am〕going to visit Osaka next week.〕

(2) Will they play basketball after school? 〔Are they going to play basketball after school?〕

(3) My father won't〔will not〕run in the park tomorrow morning. 〔My father isn't〔is not〕going to run in the park tomorrow morning.〕

(4) When will you go to America? 〔When are you going to go to America?〕

解説 **1** (1) 「私たちは放課後，テニスをするつもりです。」

(2) 「メアリーは来週，東京を訪れるつもりです。」

(3) 「私は今日，6 時に帰宅するつもりです。」

(4) 「彼は今週末，自分の部屋を掃除するつもりです。」

(5) 「あなたのお母さんは今度の休日にケーキを作るつもりですか。」

(6) 「マイクは今夜，料理するつもりはありません。」

(7) 「彼らは明日，映画を見るつもりはありません。」

2 (1) 「彼らは放課後，何の教科を勉強するつもりですか。」「彼らは数学を勉強するつもりです。」

(2) 「あなたのお父さんは今日の午後忙しいですか。」「いいえ，忙しくありません。」

(3) 「エミリーは今夜，何時に寝るつもりですか。」「彼女は 10 時に寝るつもりです。」

3 (1) A：彼らは明日，レストランで夕食を食べるつもりですか。

B：いいえ，そのつもりはありません。

(2) A：あなたのお母さんは来年，新しい車を買うつもりですか。

B：はい，そのつもりです。

(3) A：あなたは今週末，何をするつもりですか。

B：私はテストに向けて勉強するつもりです。

(4) A：明日はどんな天気になりますか。

B：雨でしょう。

4 (1)「～になる」は be 動詞の原形の be または become で表す。

(2) won't は will not の短縮形。help ～ with ... で「…の面で～を手伝う」という意味。

(3) be going to の疑問文は be 動詞を主語の前に置く。主語は you なので，be 動詞は are を使う。

(4)「どうやって」とたずねる疑問文なので，疑問詞 how を文の最初に置く。

5 (1)「来週」= next week

(2)「放課後」= after school

(3)「明日の朝」= tomorrow morning

(4)「いつ」とたずねる疑問文なので，疑問詞 when を文の最初に置き，疑問文の語順を続ける。

🔔 **誤りに気をつけよう**

It will ~~is~~ rainy tomorrow.
　　↘ **be**

be 動詞の原形は be。will の後ろに am，are，is を書かないように注意しましょう。

Step 3　解答　　　　　　　p.106 ～ p.107

1 (1) I'm〔I am〕going to clean my room.

(2) We're〔We are〕going to write a letter to Mr. Brown.

(3) When will they visit Kyoto?

(4) Where is Emily going to go?

(5) What will he buy at the store?

2 (1) It will be sunny next

(2) We are going to watch a tennis game

(3) My father will not play golf

(4) How many notebooks will you buy?

(5) Are they going to leave for France

3 (1) I'm〔I am〕going to study at home next Saturday.〔I'll〔I will〕study at home next Saturday.〕

(2) What are you going to do tomorrow?〔What will you do tomorrow?〕

(3) I'm〔I am〕not going to have any pets.〔I won't〔will not〕have any pets.〕

---

(4) Are you going to come home early today? 〔Will you come home early today?〕

4 (1) 私は家族といっしょに大阪の祖母を訪ねるつもりです。　　(2) ア

(3) ① Yes, she is.　② She'll〔She will〕get *takoyaki* cookies (for him).

解説 **1** (1) 主語が I にかわるので，is を am，her を my にかえる。

(2) 主語が We にかわるので，is を are にかえる。

(3)「彼らは来週，京都を訪れるつもりです。」→「彼らはいつ京都を訪れるつもりですか。」

(4)「エミリーはその公園に行くつもりです。」→「エミリーはどこに行くつもりですか。」

(5)「彼はその店で食べ物を買うつもりです。」→「彼はその店で何を買うつもりですか。」

2 (1) 天気を表すときの主語は it にする。

(4) 数をたずねるときは〈How many ＋名詞の複数形～?〉を使う。

(5) leave for ～＝「～に向けて出発する」

3 (1)「家で」は at home で表す。

(2) 疑問詞 what を文頭に置く。

(3)「（動物）を飼う」は have を使って表す。any pets は a pet でもよい。

(4)「帰宅する」は come home で表す。go home，get home でもよい。

4 (2) Will you eat *takoyaki* there? に対する応答を選ぶ。will の疑問文には will を使って答える。直後の「私の祖母は毎回私たちのためにそれを作ってくれるの。」という発言から Yes と判断する。

(3) ①「香奈は冬休みの間，大阪を訪れるつもりですか。」という問い。

②「香奈は大阪でトムに何を買ってあげるつもりですか。」という問い。*Takoyaki* cookies. と答えてもよい。

《日本語訳》

トム：冬休みの予定は何かあるの？

香奈：うん。私は家族といっしょに大阪の祖母を訪ねるつもりなの。

トム：そこでたこ焼きを食べるの？

香奈：ええ，そうよ。私の祖母は毎回私たちのためにそれを作ってくれるの。

トム：それはいいね。きみは毎年大阪を訪れるの？

香奈：ええ，そうよ。私の両親はそこの出身なの。

大阪であなたにたこ焼きクッキーを買ってあげ
るわ。そのクッキーはたこ焼きの形をしている
のよ。

トム：本当？　ありがとう。

📢 誤りに気をつけよう

「私は公園に行くつもりです。」
I'm going to the park.
↘ **I'm going to go to the park.**
現在進行形の〈**be 動詞＋〜 ing**〉と未来形の〈**be
動詞＋ going to ＋動詞の原形**〉を混同しないよ
うにしましょう。I'm going to the park. は現在
進行形の文で「私は公園に行くところです。」と
いう意味です。

会 話 表 現 ②

解答	p.108 〜 p.109

1 (1) エ　(2) イ　(3) ア
2 (1) Can，you
　(2) How，about，No，thank，you
　(3) Can，I，course
3 (1) right　(2) I
　(3) sorry　(4) Me
4 (1) Have a good time.
　(2) Welcome to my house.
　(3) Can you take me to the park?
5 (1) Can you help me?
　— Sure〔All right / OK / Of course〕.
　(2) I like animals. How〔What〕 about you?
　(3) Can I go with you?
　— I'm sorry, you can't〔cannot〕.

解説　**1**　(1) B の「はい，お願いします。」から，A
は何かを提案していることがわかる。**ア**「私は紅茶
を飲みません。」，**イ**「オレンジジュースをくださ
い。」，**ウ**「あなたはケーキが好きですか。」は不適
切。
　A：紅茶はいかがですか。
　B：はい，お願いします。
(2) B が OK. と答えていることから，A が許可を求め
たか依頼をしたと考えられる。**ア**「ペンはどうです
か。」，**ウ**「私のペンを見つけてもいいですか。」，**エ**
「あなたのものを使ってくれますか。」は不適切。

A：私のペンが見つかりません。あなたのを使って
もいいですか。
　B：いいですよ。これを使ってください。
　A：ありがとう。
(3) 対話の内容から，A が B のハンカチを拾ってあげ
たと考える。**イ**「私はここにいます。」，**ウ**「（目的
地に）着きました。」，**エ**「これが私のハンカチで
す。」は不適切。
　A：すみません。これはあなたのハンカチですか。
　B：ああ，それは私のものです。
　A：はい，どうぞ。
　B：ありがとうございます。
2　(1)「〜してくれませんか。」という依頼は Can
you 〜? で表す。
(2)「〜はいかがですか。」と相手にものをすすめるとき
は，How about 〜? で表す。「いいえ，けっこうで
す。」= No, thank you.
(3)「〜してもいいですか。」と許可を求めるときは，
Can I 〜? を使う。「もちろんです。」= Of course.
3　(1) A：窓を開けてくれませんか。
　　　B：わかりました。
(2) A：あなたの自転車を借りてもいいですか。
　B：もちろん。
(3) A：私を手伝ってくれませんか。
　B：ごめんなさい，できません。私は今，忙しいで
す。
(4) A：私はスポーツが好きです。
　B：私もです。私はどのスポーツも好きです。
4　(1) have a good time =「楽しい時を過ごす」you
が不要。
(2)「〜へようこそ。」= Welcome to 〜. you're が不要。
(3)〈take ＋人＋ to 〜〉=「人を〜に連れていく」I が不
要。
5　(3)「いっしょに行く」のは「私」だが，「できな
い」のは話し手がかわって「あなた」になる。

📢 誤りに気をつけよう

「窓を開けてくれませんか。」
Can ~~I~~ open the window?
↘ **you**
「〜してくれませんか。」という依頼は，**Can
you 〜?** で表します。**Can I 〜?** は「〜しても
いいですか。」なので，混同しないように注意し
ましょう。

総仕上げテスト

解答　p.110 ～ p.112

❶(1) August　(2) went　(3) minutes　(4) many

❷(1) Be，kind　(2) sometimes，early
　(3) in，February　(4) those，them
　(5) Can，I

❸(1) Tom can swim very well.
　(2) Who walks to school every day?
　(3) What is Yukari doing?
　(4) How long is the concert?

❹(1) ア　(2) エ　(3) ウ　(4) エ

❺(1) Which bag do you want?
　(2) Mike doesn't have any CDs.
　(3) Who is talking with your sister?
　〔Who is your sister talking with?〕
　(4) What did you have for breakfast
　yesterday?

❻(1) ⓐ looking　ⓑ took　ⓒ play
　(2) I enjoyed tennis with your mother.
　(3) She stayed there〔at his house〕four
　months ago.

解説 ❶　(1)「日本では暑い」ということから
August。
A：あなたの誕生日はいつですか。
B：8月10日です。日本では暑いです。
(2) A：昨夜どこへ行ったのですか。電話したんですよ。
　B：ごめんなさい。私は家族といっしょにおじいさんの家に行っていました。
(3) A：今，何時ですか。
　B：12時50分です。1時までまだ10分あります。
(4) A：何匹のねこを飼っていますか。
　B：1匹です。彼女は今，生後3か月です。毛は白くて目は青いです。
❷　(1)〈be動詞＋形容詞〉の命令文はBeで始める。
(4) girlsは複数。「あの」は「あれらの」となる。
(5) Can I ～? 「～してもいいですか。」は許可を求める表現。
❸　(1) canのあとの動詞は原形になる。「トムはとても上手に泳ぐことができます。」
(2) whoを使った疑問文にする。「だれが毎日歩いて学校へ行きますか。」
(3)「由加里は何をしていますか。」

(4)「時間の長さ」をたずねるには How　long　～? を使う。「そのコンサートはどのくらいの時間ですか。」
❹　(1) A：これはだれのかばんですか。
　B：それは正夫のです。
　C：そうです，それは彼のものです。
(2) 一般動詞の過去の疑問文に答えるときは did を使う。
　A：この本を読みましたか。本当におもしろいですよ。
　B：いいえ，読みませんでした。
(3) A：教室で走ってはいけません，拓也。
　B：ごめんなさい，ブラウン先生。
(4) A：メアリーが7時にあなたに電話してきました。
　B：彼女は何と言いましたか。あなたはメッセージを受け取りましたか。
　A：はい。彼女は『明日の朝8時に学校に来てください。』と言いました。
　B：ありがとう。わかりました。
❺　(1)「あなたはどちらのかばんが欲しいですか。」
(2) not ～ any で「1つも～ない」の意味。「マイクはCDを1枚も持っていません。」
(3) who があることに注目する。「だれがあなたのお姉さん〔妹〕と話しているのですか。」
(4)「あなたは昨日，朝食に何を食べましたか。」
❻　(1) ⓐ look at ～ =「～を見る」　ⓑ four months ago =「4か月前」とあるので過去の内容を表している。　ⓒ Let's のあとは動詞の原形。
(3)「綾はいつアメリカのジャックの家に滞在しましたか。」 ジャックの最初の発言からわかる。

《日本語訳》
　綾：何をしているの，ジャック。
ジャック：きみとぼくの家族の写真を見ているんだよ，綾。これらの写真をアメリカで4か月前にとったんだ。
　綾：見せてちょうだい。まあ，これはあなたのお母さん。私はほんの2週間しか滞在しなかったけれど，とても楽しかったわ。
ジャック：きみはいつもにこにこしていたから，ぼくたちはみんなきみが大好きだったよ。
　綾：私はあなたのお母さんとテニスを楽しんだわ。彼女はとても上手だった。
ジャック：きみもだよ。綾，今時間あるかい？　テニスをしよう。
　綾：ええ，いいわよ。